走进西班牙

周明陶 著

北京希望电子出版社
Beijing Hope Electronic Press
www.bhp.com.cn

内 容 简 介

本书收录了作者三次游览西班牙所拍摄的摄影作品及旅行笔记,引领读者体验西班牙充满异域风情的宫殿、教堂、斗牛场、名人故居、高迪的建筑作品、城堡等艺术精华。

作者以图文并茂的形式向广大读者展示了西班牙著名的城市及人文旅游景点,并辅以历史、艺术及人物的背景介绍。这些著名城市及旅游景点包括马德里、阿兰胡埃斯、埃斯科里亚尔、阿维拉、托莱多、埃纳雷斯堡、塞哥维亚、瓦伦西亚、格拉纳达、马拉加、米哈斯、龙达、塞维利亚、科尔多瓦、孔苏埃格拉、巴塞罗那、莫纳古堡酒店等。

本书不仅能使读者欣赏到西班牙美丽的景色和迷人的风貌,还能帮助广大读者深入了解西班牙的历史,品鉴西班牙的文化。

图书在版编目(CIP)数据

走进西班牙 / 周明陶著. -- 北京:北京希望电子出版社,2018.4

ISBN 978-7-83002-604-2

Ⅰ. ①走… Ⅱ. ①周… Ⅲ. ①西班牙—概况 Ⅳ.①K955.1

中国版本图书馆 CIP 数据核字(2018)第 051208 号

出版:北京希望电子出版社	封面:深度文化
地址:北京市海淀区中关村大街 22 号	编辑:李 萌 张晓卫
中科大厦 A 座 10 层	校对:刘 伟
邮编:100190	开本:787mm×1092mm 1/16
网址:www.bhp.com.cn	印张:14.25
电话:010-62978181(总机)转发行部	字数:338 千字
010-82702675(邮购)	印刷:艺堂印刷(天津)有限公司
传真:010-62543892	版次:2018 年 8 月 1 版 1 次印刷
经销:各地新华书店	

定价:79.80 元

引 子

  我从小就对西班牙有一种特别的感觉。可能是因为哥伦布，因为堂吉诃德，因为高迪，也可能是因为斗牛，因为弗拉门戈……西班牙在我心目中闪现的都是与众不同，都是特色独具。在我看来西班牙就是一个极具个性的伟大国家。

  改革开放以后有了出国旅行的机会，我真是去了不少国家。西班牙不但是一生中一定要去一次的地方，而且是一定要多去几次认真走走看看，感受风土人情和体验人文情怀的地方。这就是我为什么要三次去西班牙旅行的原因，也是我在独闯西班牙之后还要和朋友们一起重游的原因。

  我有一个边走边拍的习惯，朋友们有时调侃说，人家摄影家按一次快门我就要按下上百次。但在数码时代，这一习惯却为我留下了几乎连贯的影像资料。我还有一个时时处处记录旅行感受的习惯，这使我积累下了上千篇的各地游记，并在博客上发表。在出版社同志的帮助下，我把特别喜欢的西班牙旅行体验的博客汇集成册，作为对我和太太、对一起和我旅行过的朋友们的共同纪念。

  我的这些博客能得以写成要感谢以时代集团总裁王小兰为首的旅行伙伴的支持和帮助，特别要感谢他们对我在一起出游期间特立独行的宽容，使我好多片子在他们的无奈等待下得以拍成。初次出书，获得了时代集团总裁王小兰、北京大学中国职业研究所所长陈宇、旅游达人北角山妖等朋友的亲切鼓励和支持，他们对本书的内容提出了很好的建议，在此深表谢意。

作者

目 录

马德里，皇家风范和艺术氛围交相辉映 / 1

阿兰胡埃斯，聆听传世旋律的宁静王宫 / 28

埃斯科里亚尔，建在修道院里的王宫 / 40

阿维拉，古城堡里的圣徒足迹 / 51

托莱多，迷宫般古都的昔日辉煌 / 62

埃纳雷斯堡，五百年前的大学城 / 72

感受塞万提斯 / 77

塞哥维亚，深受皇室青睐的古罗马重镇 / 81

瓦伦西亚，先锋和古老混搭的阳光之城 / 107

阿兰布拉宫，摩尔人留给西班牙的文明奇迹 / 115

马拉加，毕加索故乡的优悠风光 / 131

米哈斯，太阳海岸的白色"驴"游小镇 / 139

龙达，西班牙斗牛的梦想之城 / 148

塞维利亚，纯粹的西班牙范儿 / 156

科尔多瓦，承载着千年历史变迁的大清真寺 / 176

到孔苏埃格拉追寻堂吉诃德的足迹 / 189

巴塞罗那，养育了高迪和超现代建筑艺术的城市 / 194

西班牙国营的古堡酒店长啥样 / 214

后记 / 221

1 马德里，皇家风范和艺术氛围交相辉映

有的人到西班牙会选择先去巴塞罗那，而我却首选马德里。这不仅仅因为马德里是西班牙首都，更因为它地处伊比利亚半岛的地理中心，交通发达，去哪里都很方便。还因为从马德里乘火车大约一个多小时的区域内就有六个世界文化遗产。从十六世纪卡斯蒂利亚王国和阿拉贡王国合并之后，马德里一直是现代西班牙的首都，历时已近五百年。就是现在马德里的市中心，各种文化积淀都能点亮这座伟大城市闪耀的光芒。一直到十八世纪大英帝国崛起之前，西班牙一直雄霸世界三百年，那种炫耀时代巅峰的皇家风范和浸入社会生活的艺术氛围都已经深深地嵌入到城市的建筑形态和日常生活里。到马德里的第一件事情就是要到市中心去走走，从曼萨纳雷斯河畔的西班牙王宫一直到普拉多景观大道上的博物馆和街头雕塑。

有时候我真的会有些小运气。当我半夜一点钟在北京准备登机前往马德里，在向航空公司的工作人员出示登机卡时，工作人员告诉我，座位从经济舱升到了头等舱。坐国际航班升舱真是太不容易了，而且空客330-300的头等舱是可以躺着睡觉的哦。本来做好了准备要苦苦忍受一夜的我，变成了可以舒舒服服养精蓄锐地休息一晚的幸运儿。当东方刚刚发白，飞机在马德里机场降落的时候，我已美美地睡了一晚，只觉得身轻如燕，临时决定好好利用在西班牙第一个完整的白天，暴走马德里，游遍市中心，感受曾经的世界强国的皇家风范和艺术氛围。

(1) 暴走马德里

到西班牙之前我还是草草地做了点功课，第一站选在西班牙广场。这个以国家名字命名的广场是徒步游览马德里市中心的最佳出发点。从机场搭乘8号线在 Nuevos Ministerios 换乘10号线就可以直接到达西班牙广场。

当我走出地铁站第一眼看到的就是清晨阳光照耀下的塞万提斯纪念碑（图1-1）。这是一座方锥形的建筑，纪念碑的基柱为花岗岩，正面是白色大理石的塞万提斯坐像。塞万提斯身披16世纪的披风，戴着项链，坐在"太师"椅子上。披风巧妙地掩盖了他在勒邦德大战时失去的左臂，右手握着他的巨著《堂吉诃德》。主人公堂吉诃德和桑丘的青铜雕像就在前方，塞万提斯的眼神仿佛目不转睛地俯视着堂吉诃德永远前进的形象（图1-2）。虽然我曾经无数次从网络上或图片里看到过这座宏伟的纪念碑，但当我看到这位世界级的大文豪能占据以国家名字命名的广场中央时，不由得肃然起敬。

图 1-1　塞万提斯纪念碑

有时虚拟比现实更吸引人。堂吉诃德和桑丘活灵活现的雕塑，是游客留念的"偶像"。他们的周围比坐在高高基座上的塞万提斯热闹多了。我在西班牙的几天里路过那里好几次，从来没有机会拍到堂吉诃德和桑丘的单独合影，前一个游客还没有下来，后面好几个游客已经上去了。

西班牙广场西面不远就是戴博斯神庙。马德里旅游景点周围的指路牌非常清晰，游客只要按照路牌走就行。戴博斯神庙并不是西班牙的古迹，而是复建古代埃及的建筑。

修建阿斯旺水坝时，埃及政府将石头一块块搬过来作为礼物送给了西班牙人民。西班牙在马德里重建了戴博斯神庙。

神庙免费开放，里面展览的都是古埃及的壁画。由于我来这里参观时，恰逢维修，未见壁画真容，只好拍下外景与朋友们分享（图1-3）。

图1-2 塞万提斯雕像

图1-3 戴博斯神庙的外景

戴博斯神庙的旁边就是马德里西部公园的观景台。在观景台上可以遥望西班牙王宫和阿尔穆德纳大教堂（图1-4）。

图1-4　西班牙王宫和阿尔穆德纳大教堂

这里是欣赏马德里全景的最佳观赏地。对照地图我放心地把王宫作为下一个景点（图1-5）。

图1-5　马德里全景

从西班牙广场沿着拜伦街往南走大约五分钟就可以看到恢宏的马德里王宫。这座西班牙国王的王宫，是马德里最精美的建筑，也是世界上保存最完好的宫殿之一。整座宫殿共有两千多间房间，但游客可以参观的仅五十间左右。

公元9世纪时，这个地方曾经是阿拉伯统治者的城堡，后来这里一直是历代国王的居所。1734年的一场大火将原来的城堡烧毁，大家现在看到的皇宫是1764年重建的。

王宫是一座花岗岩建筑，外墙立面的浮雕和装饰采用的是汉白玉。图1-6是从东方广场上十七世纪的西班牙国王菲利普四世的骑马铜像前看到的马德里王宫的景象。

图1-6　菲利普四世铜像及马德里王宫

图1-7 马德里王宫

马德里，皇家风范和艺术氛围交相辉映 7

王宫内部对外开放参观的房间不能照相，这是在西班牙旅游最令人失望的地方。在马德里具有艺术价值的景点内部一般都只让看不让拍摄，所以我也无法留下王宫内极其精致、价值连城的艺术珍品的影像。但是，马德里王宫无论从建筑的精美、装饰的奢华，还是从内部的布局和艺术品收藏都不逊于英法的王宫。特别令我感兴趣的是里面有一个皇家药房，放药材的瓶子、木盒排列整齐，真有点儿像我们的中药铺。我是从照片（图1-7）中间的大门进去参观的，门票为8欧元。还应该提一笔的是马德里王宫收藏了五把斯特拉迪瓦里家族制作的小提琴，没想到此后我竟然有多次机会聆听用斯特拉迪瓦里家族制作的小提琴演奏的音乐会。

其实这座王宫现在已经不是西班牙国王的正式宫殿，只是偶尔用于举行皇家典礼而已（图1-8）。

图1-8　马德里王宫

由于内部不让照相，进入之前的门厅就成了游客争相拍照的地方（图1-9）。只要看看门厅的奢华就能想象西班牙王宫是多么辉煌。

马德里王宫南侧对面就是阿尔穆德纳大教堂。修建这座教堂的动议十六世纪就有，但到1879年才正式动工，正式完工已经是1992年了。1993年由教皇保罗二世宣布开放。虽然从外表上看这是一座崭新的大教堂，其实它是在马德里最古老的历史遗迹——罗马城墙之上修建起来的（图1-10）。

阿尔穆德纳大教堂，从建筑风格上看，属于新哥特风格。教堂内部藏有极具艺术价值的作品，从其穹顶之上可以看见全城的壮观风景。该教堂是西班牙皇室的大婚教堂（图1-11）。

图1-9　王宫门厅

图 1-10　阿尔穆德纳大教堂

图 1-11　新哥特风格

这张照片是在马约尔街和舞蹈街的交叉口拍摄的教堂外景（图1-12）。

图1-12　阿尔穆德纳教堂远景

如果你每到一个地方除了参观景点，更想融入当地市民当中去感受真正的当地风情的话，那一定要去马约尔广场。马约尔广场是菲利普三世在1619年主持修建的，有着独特的四边形风格。广场横向长约128米，纵向宽约94米，由4层高的建筑围成。在广场中央是菲里普三世的骑马铜像。在建成之后的漫长岁月里经历了3次火灾，又重新修建，直至1953年完成后形成现在我们所看到的样子（图1-13）。

图1-13　马约尔广场

马约尔广场是西班牙人休闲的好去处。我参观的当天正好是星期天，马约尔广场的集邮钱币市场交易热火朝天。画市也吸引了众多游客，不少人现场作画（图1-14）。

马约尔广场的经典景色是"面包之家"的外墙壁画。之所以称它为面包之家，是因为这里原先是马德里最大的面包磨坊，不过这些壁画其实是1992年才完成的（图1-15）。

正方形的马约尔广场四周是一些餐厅和酒吧，我坐在遮阳伞下美美地吃了一顿午饭，实现了坐在街边呆呆地看着来往人群的夙愿。

广场中央是十六世纪哈布斯堡王朝时期的西班牙国王菲利普三世威风凛凛持剑的骑马铜像（图1-16）。马约尔广场是马德里的历史象征，见证了马德里四百年的变迁和兴衰。

图1-14 现场作画的人们

图1-15 "面包之家"外墙壁画

图1-16 菲利普三世的铜像

从马约尔广场出来沿着马约尔街继续前行就来到了马德里市中心的太阳门广场。说这里是马德里的市中心，是因为这里几乎是马德里所有地铁的交汇点，当然还有一个原因，这里不但是马德里的中心，还是西班牙的0公里（图1-17）。

图1-17　西班牙的0公里

按着地图的指引从太阳广场继续往东，一路穿街走巷去寻找塞万提斯的安息地三位一体教堂。一路上，路牌的艺术表现形式竟然能做得如此吸引人。看看这些路牌吧，充满了文化色彩和艺术感染力，有与地名相关的，有名人画像的，有展示景色的，还有标识当地艺术特征的（图1-18）。

要找到地图上标识三位一体教堂和修道院坐落的洛佩·德·维加街并不难（图1-19），但要搞清楚哪里是三位一体教堂还真费了一番周折。三位一体教堂修道院竟然在马德里的各种旅游地图上都找不到。在去西班牙之前，我从网上获取的西班牙使馆提供的旅游资料中了解到塞万提斯安息地的信息。我在这个几乎没有任何游客的地方绕着修道院走了两圈也不知道这就是三位一体教堂。还好这时巧遇一位路过这里的会说英语的西班牙老人，通过他的指引，我看到了塞万提斯的安息地三位一体教堂的正门（图1-20）。

图1-18　路牌

修道院的墙上有一块纪念碑，上面写着塞万提斯生于1547年，死于1616年（图1-21），安息在这里是因为"他的一生拯救了西班牙学院"。

我想进去看塞万提斯的墓室，他告诉我这是很困难的，因为这里没有明确的开放时间。如果想看，早上八点钟来试试看，有时会开门。因为我实际在马德里一共只有五天游览时间，有那么多地方想去，最终也没有能瞻仰到塞万提斯的安息地。

图1-19　马德里洛佩·德·维加街

图 1-20 三位一体教堂的正门

图 1-21 纪念碑

　　从三位一体教堂继续往前，没有多少路就到了马德里的艺术中心、著名的景观大道普拉多大道了。普拉多博物馆就在这条大道的南端。普拉多博物馆是世界上最好的博物馆之一，收藏了16世纪至19世纪西班牙艺术史上最好的作品，例如维拉斯凯茨、戈雅、格雷考的作品。当然还收集了大量国外文艺复兴时期大画家的作品，例如意大利威尼斯画派的提香、德国巴洛克派的鲁本斯、荷兰超现实主义画家耶罗尼米斯·博斯等。博物馆现收藏作品总数达到27509件，其中油画有7825幅，数目之多令人眼花缭乱。

　　和欧洲其他的大型博物馆（巴黎卢浮宫、伦敦国家美术馆等收藏有各个时代、不同风格画派的作品）不同，普拉多博物馆内的作品最初是喜爱艺术的国王皇室捐赠的，所以风格也较相近。博物馆最初由卡洛斯三世国王于1786年下令建造，1819年起对外开放。著名画家如莫奈、雷诺阿、洛特雷克、毕加索、马蒂斯、达利都来此参观过，并对他们的画作风格产生了一定的影响。

　　在普拉多博物馆临街的维拉斯凯茨门前，树立着西班牙十七世纪画家维拉斯凯茨的雕像（图1-22）。

　　参观普拉多博物馆要从戈雅门进入（图1-23）。没想到星期日是免费参观日，人山人海。大家如果要去参观建议尽量避开周日。博物馆内部是不让拍照的，因此馆内的展品，无法在这里呈现给大家。

图 1-22　维拉斯凯茨的雕像

图 1-23　戈雅门

离开博物馆后一定要沿着普拉多大道和雷科莱托斯大道走走,这里是马德里的景观大道。景观大道两侧的雕塑、喷泉、宫殿都值得好好看看。

海神尼普顿喷泉由博尔塔在1574年设计并建造。雕像群有两个主题,一是立在中央的海神尼普顿(在希腊神话中叫波塞冬)大战章鱼;二是喷泉四周陪伴有丘比特的海中仙女涅瑞伊得斯和海象(图1-24)。每当马德里竞技队获胜后,其支持者就会来这里庆祝。

图1-24　海神尼普顿喷泉

马德里有很多漂亮的广场,西贝蕾斯广场就是其中之一。西贝蕾斯广场地处马德里市中心,位于阿尔卡拉大街和普拉多大道的交汇处,又被译为丰收女神广场,是马德里的象征性建筑之一(图1-25)。

广场中心是西贝蕾斯女神喷泉。喷泉整体由文图拉·罗德里格斯设计。西贝蕾斯是古希腊传说中的大地女神,喷泉主体表现了这位女神坐在两只狮子拉着的战车上驰骋的景象(图1-26)。

驾着战车的两头雄狮由法国雕刻家罗伯特·米歇尔雕制。女神和战车则是雕刻家弗朗西斯科·古铁雷斯的作品。女神和雄狮的部分材料取自托雷多市晰山镇出产的紫晶大理石,其他部分的材料则取自马德里以北52公里临近卡布勒拉山脉的雷杜埃尼亚镇出产的山石(图1-27)。

图 1-25　西贝蕾斯广场

图 1-26　西贝蕾斯女神喷泉

图 1-27　女神和战车

西贝蕾斯女神雕像是皇家马德里足球队的保护神，每当球队获得重大赛事的冠军，球迷们都会到此庆祝胜利。

西贝蕾斯宫位于西贝蕾斯广场最显眼的位置，内设多层展厅，每一层都有不同主题的展览，非常有趣，虽然在周末是免门票的，但里面会有一两个展览需要付费参观，喜欢参观博物馆或者看展览的朋友实在不容错过。

站在西贝蕾斯广场顺着阿尔卡拉街向东望去，不远之处有座城门，那就是赫赫有名的阿尔卡拉门。

1769 年西班牙国王卡洛斯三世在比较了文图拉罗德里格斯和萨巴蒂尼的多套设计方

案后，决定任命萨巴蒂尼在此兴建一座宏伟的新城门，以取代原本位于附近的一座十六世纪老城门。这座新古典主义风格的城门于1778年建成，是18世纪欧洲的建筑巨作（图1-28）。采用了大型罗马凯旋门的形式，共有5个门洞，其中3个是半圆拱门，另2个为平拱门。它也是整个欧洲自古罗马帝国衰落后兴建的第一座凯旋门，早于1791年建成的柏林勃兰登堡门和1836年建成的巴黎凯旋门。

  阿尔卡拉门矗立在市中心的独立广场，位于通向阿尔卡拉的大道的起点，旁边就是丽池公园。遗憾的是我拍的是背面，没去拍正面。走到这里我实在是走不动了，等我下次再来时一定补拍个正面。

图1-28　阿尔卡拉门

  沿着雷科莱托斯大道继续往前走，到达哥伦布广场前会看到西班牙国家图书馆，其前身是宫廷图书馆，由菲利普五世建于1712年。1836年该图书馆由王室移交给政府部门，首次更名为国家图书馆（图1-29）。国家图书馆前飘扬着一面巨大的西班牙国旗（图1-30）。

  西班牙国家图书馆现今拥有的珍贵的图书大部分是19世纪购买、他人捐赠、缴送或从宗教团体收缴来的。国家图书馆是西班牙图书馆系统中最重要的图书馆，作为隶属于教育文化部的自治团体，有其自己的法人地位和法律效力以完成其目标，工作方面受总预算法制约。西班牙国家馆是国际图联、国际文献联合会、欧洲研究图书馆联盟、国际音乐图书馆协会的成员（图1-31）。西班牙国家图书馆对外开放参观展览的时间为周二至周日，但周日闭馆时间较早，下午14：00就闭馆了。西班牙国家图书馆的院子内种满了各种花卉（图1-32）。

图 1-29　西班牙国家图书馆

图 1-30　西班牙国旗

图 1-31　西班牙国家图书馆

图 1-32　图书馆中的花卉

凡是到马德里的人,还是应该去哥伦布广场瞻仰一下著名航海家哥伦布的纪念碑,去欣赏广场下面多姿多彩的马德里文化中心。哥伦布广场中央是高大的哥伦布纪念碑。美洲新大陆发现者、探险家哥伦布的大理石雕像就屹立在高17米的柱体顶部(图1-33),面向其发现的新大陆的方向——西方。右手握着当时捐助他航海的卡斯蒂利亚王国的旗帜,旗下是地球仪(图1-34)。柱子下方的基座四面分别装饰着和哥伦布航海相关的浮雕。纪念碑是雕塑家梅利达的作品,完成于1886年。

图1-33 哥伦布纪念碑

在西班牙,几乎每个城市都有西班牙广场,也都有哥伦布广场。各地的哥伦布广场都以哥伦布纪念碑为中心。哥伦布的伟大地位在西班牙无人可比,不论在哪里,哥伦布的雕像一定高高地矗立在巨大的柱子之上。

哥伦布广场还是每年10月12日马德里大阅兵的终点。它同样是我那一天暴走马德里的终点,从早上九点到傍晚七点,整整走了十个小时,够累。不过从西班牙大文豪塞万提斯到由西班牙王室支持而成功发现新大陆的意大利人哥伦布,从文化奠基人到海外领地开拓者,从十五六世纪的古迹到现代人文风情,我充分感受到了皇家风范和艺术氛围在马德里交相辉映。

图1-34 哥伦布雕像

到马德里除了游览市中心感受昔日世界强国的皇家风范和艺术氛围,还有两件事情是一定要做的,那就是观赏一场足球赛和斗牛。这样才能体会在这片土地上生活的西班牙人的真正情趣。如果你去的时候正好没有球赛和斗牛,那就只好参观赛场了。

(2) 在豪门老窝感受西班牙足球

我在马德里的那几天并没有皇家马德里足球队的球赛,那就参观皇马的主场伯纳乌球场吧(图1-35)。圣地亚哥·伯纳乌球场原名新查马丁球场,1955年为纪念皇家马德里足球俱乐部主席圣地亚哥·伯纳乌而改为现在这个名字。伯纳乌球场坐落在马德里北部,在从哥伦布广场开始一直向北的马德里最长、最宽的卡斯蒂利亚大道旁,去那儿最方便的交通工具是地铁10号线。伯纳乌球场于1947年12月14日正式落成,可容纳81044名观众,是世界最著名的足球场之一。2005年后伯纳乌球场被欧洲足联评选为五星级球场。只有五星级球场才有资格成为欧洲冠军杯决赛举行场地。

我赶到伯纳乌足球场时刚刚下过小雨,参观券售票处门口竟然还排着长龙(图1-36)。

参观伯纳乌足球场的行程可分两部分,一是参观皇家马德里俱乐部展览会,另一部分是参观足球场。行程安排得紧凑而突出重点。从伯纳乌球场的B塔进入后就坐自动扶梯上顶层观赏足球场全景,紧接着参观展览会,最后到球场的运动员席和运动员休息室参观。整个参观行程历时一个多小时。先看看显示皇马辉煌历史和战绩的展览会吧。我是2010年6月初去的,看到的都是2010年前的战绩。

图1-35 伯纳乌足球场外景

皇家马德里俱乐部成立于 1902 年 3 月 6 日,当时叫马德里俱乐部。从 1920 年得御赐后正式更名为皇家马德里俱乐部。进入展厅首先看到的一面墙上列出了皇马历任主席的照片和皇马主场和队徽的变迁。墙上最右边的照片是现任主席弗洛伦蒂诺·佩雷斯(图 1-37)。

皇家马德里的球员来自五湖四海。这块展示板和中间的名单显示了队员来自世界各国(图 1-38)。在皇马主席弗拉伦蒂诺的第一个任期内就开始奉行"巨星政策",菲戈、齐达内、罗纳尔多、贝克汉姆等巨星相继来到队中。我去参观的时候,队员还包括在当年世界杯上驰骋绿茵场的巴西队卡卡和葡萄牙队的克里斯蒂亚诺·罗纳尔多(C 罗)。

图 1-36　参观券售票处

图 1-37　皇马历任主席介绍

图 1-38　介绍队员的展板

皇马的球员不乏世界足球先生和世界金球级的球星。这个橱窗里陈列了各种奖杯（图1-39）。

可以看到有齐达内在1998年获金球奖的奖杯（图1-40），还有C罗获得的2008年世界足球先生和金球奖的奖杯（图1-41）。2009年C罗以8000万英镑从曼联转会皇马，当时成为历史上身价最高的球员。

图1-39　奖杯

图1-40　齐达内在1998年获得的奖杯

图1-41　C罗获得的世界足球先生及金球奖奖杯

2010年我参观时皇家马德里俱乐部已经取得的辉煌战绩：9次欧洲冠军杯冠军，3次洲际杯冠军，2次欧洲联盟杯冠军，1次欧洲超级杯冠军，31次西甲联赛冠军，17次西班牙国王杯冠军，8次西班牙超级杯冠军。皇家马德里俱乐部还有一个篮球队，也是战绩辉煌。照片（图1-42）里右面一半是篮球队的战绩，那时他们就已获8次欧洲冠军杯冠军。

皇马足球队获得的九座欧洲冠军杯冠军奖杯（图1-43），以及皇马篮球队获得的八座欧洲冠军杯的冠军奖杯（图1-44），证明了他们的辉煌战绩。

图1-45为2005年皇家马德里队访问中国时与中超球队比赛获得的奖杯。奖杯的基座上写着：2005年西班牙皇家马德里队VS

图1-42　球队获得的辉煌战绩

图1-43　欧洲冠军杯奖杯

图 1-44　皇马篮球队获得的冠军奖杯

北京现代汽车队优胜奖杯。后面写着健力宝龙队的球衣是 2003 年皇马访问中国时与中国龙队比赛时交换的。

　　参观路线设计得相当合理，从 B 塔楼沿自动扶梯来回转了不知道多少圈之后到了最高层看台。全景相当壮观。展示厅好像是绕了半圈球场。游客从 D 塔楼又重回一层进入绿茵场。再从运动员进场通道进去参观运动员休息室和新闻发布会会场。所以参观球场是先综观全局，再观察局部。球场的正面紧靠绿茵场写着"皇家马德里"几个大字（图 1-46），主席台显得没有那么豪华。不过这里可是全场最好的位置。真有重要比赛时是断然买不到这里的票的（图 1-47）。我拍摄了从最高层看台看到的伯纳乌足球场全景，这需要用三张照片接起来才能展示清楚，对面的看台好像接得并不完美（图 1-48）。

图 1-45　皇马与中国队比赛获得的奖杯及球衣

图 1-46　足球场正面全景

马德里，皇家风范和艺术氛围交相辉映　25

　　看到了这样的豪门俱乐部，看到了西班牙这个世界级的足球平台，看到了那么多世界足球先生级的球星曾经一起为它夺取胜利，我不能不为它祝福，希望西班牙足球保持强盛。

图 1-47　球场位置最好的看台

图 1-48　伯纳乌足球场全景

(3) 感受文明社会中的野蛮心态

提到西班牙，人们自然而然地会联想到斗牛。不论是乔治·比才著名歌剧《卡门》里的《斗牛士之歌》激动人心的进行曲旋律，还是列入国标舞比赛中的斗牛舞（Paso Doble）狂放激烈的扭动，无一不让我们感受到西班牙斗牛士威武、勇猛的形象。甚至在世界杯足球赛上勇夺大力神杯的西班牙队也被众多媒体冠以"斗牛士军团"的美称。斗牛是西班牙的国粹，也是西班牙的名片。但是，斗牛这项运动的凶残也是无法否认的。

海明威曾经这样描述过："生活与斗牛差不多。不是你战胜牛，就是牛挑死你。"这反映了人们生活环境的残酷性。然而现代的斗牛活动已经不是一场自然生态中人与牛的争斗，而是一场满足人们娱乐享受的表演，一场满足游客感官刺激的角斗，甚至是一场在文明社会里精心组织的对强壮公牛的残杀。这样一项有争议而又怵目惊心的活动，我是不会放过的，这也是到西班牙这样一个欧洲文明国家感受如何释放深藏在道貌岸然后面的野蛮心态，体验人类性格两面性的难得机会。

范塔斯斗牛场位于马德里东部的萨拉曼卡区，完工于1929年，于1931年6月17日开幕。斗牛场建筑直径约为65米，共有四层，可容纳2.3万名观众，是西班牙最大的斗牛场，十分宏伟壮丽。范塔斯斗牛场由红色砖墙修葺，装饰着阿拉伯式的精致雕花和半弧形窗户，是伊比利亚半岛特有的新穆德哈尔风格式建筑的典范。这里是西班牙水平最高的斗牛表演场所，全国乃至全世界的斗牛士们都以在此斗牛表演为荣（图1-49）。

斗牛是西班牙的传统国技，每年的3月底至10月初是马德里的斗牛季节，每周日都有斗牛表演。其中5月的圣伊西德罗斗牛节是水平最高的，顶级的斗牛士都会云集于此，因而场面也最热闹的，往往座无虚席，一票难求。

图1-49　范塔斯斗牛场外景

在斗牛季，人们可以看到马德里斗牛场的门楼上旗帜飘扬，这就表明将有斗牛赛。斗牛的门票按座位的位置分成阳面、阴面和阴阳交界面三种不同的价格，阴面的票相对较贵。

范塔斯斗牛场给人的感觉就像是古罗马竞技场的再现，但无论是建筑风格，还是外墙装饰都给人以强烈的阿拉伯印象。西班牙毕竟是仅有的阿拉伯人统治过的欧洲地区，保留了不少阿拉伯风格的建筑。

气势恢宏的范塔斯斗牛场看台座无虚席。我选择了四层看台前面的栏杆旁的地上坐下，脚放在由西班牙国旗装饰起来的台阶上。除了俯角较大之外，我自认为是最佳位子了（图1-50）。

首先是五名手持粉红色披肩的斗牛士全场引逗公牛，引得凶猛的公牛野性爆发满场奔

马德里,皇家风范和艺术氛围交相辉映

图 1-50　范塔斯斗牛场内景

跑耗尽体力。称为引逗一点也不假,这五位斗牛士只是主斗牛士的助手,他们没有近身躲闪等斗牛动作,引逗公牛奔跑几乎是他们的唯一目的(图 1-51)。

图 1-51　引逗

随后,主斗牛士上场了。他手执利剑和大红色披肩,有着优美的形体和矫健的舞步,时而用抖动红色披肩引逗,时而炫耀惊心动魄的近身躲闪,一场即将开始的杀戮被华丽的斗牛"舞"模糊了眼睛。随着斗牛士的每一次躲闪,观众的呼喊声此起彼伏(图 1-52)。

这场斗牛,以斗牛士非常准确的一剑刺中牛的心脏而结束。我清楚地看到整把利剑刺进牛的体内直插心脏。曾经强壮而又疯狂的公牛,仅仅几秒钟就翻倒在血泊中。

西班牙加泰罗尼亚自治区议会曾经通过了一项禁止斗牛的议案。这项法案于 2012 年 1 月 1 日在加泰罗尼亚生效,后又被西班牙宪法法院推翻。看来,文明和野蛮的争斗,还将继续。

图 1-52　斗牛士上场

2 阿兰胡埃斯，聆听传世旋律的宁静王宫

阿兰胡埃斯在马德里自治区南部，离市中心大约 50 公里。从马德里的阿托查火车站搭乘 C3 郊区火车大约 40 分钟就能到达塔霍河畔的小镇阿兰胡埃斯。这是一座宁静的小镇，街道和广场行人寥寥无几，静寂的花园，蓝天白云下悄无声息的巨大宫殿，这种宁静的氛围简直使我惊讶。这里是西班牙国王的行宫所在地，十八世纪菲利普五世国王时期这里曾经是西班牙的中心。西班牙王室对阿兰胡埃斯王宫倾注了许多精力，卡洛斯三世和四世国王为阿兰胡埃斯修建了独具匠心的花园。2001 年阿兰胡埃斯以其人类活动与自然的关系、蜿蜒水道与呈现几何形态的景观设计之间的关系、乡村和城市之间的关系，以及森林环境和当地富丽堂皇的精美建筑之间的关系被联合国教科文组织列入世界文化遗产名录。

当我从火车站走了大约二十分钟看到如此空旷的王宫时，静静地站在那里足足凝视了十分钟。怎么能有这般宁静的世界文化遗产？（图 2-1）

图 2-1 阿兰胡埃斯王宫全景

其实，我在去西班牙前还是做了不少功课的，每查一个想去的地名时都能找到大量的旅游信息。但是当我在谷歌和百度上输入"阿兰胡埃斯"后，查到的信息却大部分都是关于西班牙盲人音乐家罗德里戈的传世之作《阿兰胡埃斯协奏曲》。站在王宫前，突然传来轻轻的鼓声，仿佛聆听到了罗德里戈的传世旋律（图2-2）。

从夫妻广场可以看到阿兰胡埃斯王宫，右侧就是贸易和骑士院（图2-3）。

穿过一座拱门就是参观王宫的入口（图2-4）。

图2-2　阿兰胡埃斯王宫近景

图2-3　贸易和骑士院

图 2-4 通向王宫入口的拱门

贸易与骑士院是负责维护和管理王宫的行政部门所在地以及供国王随从住宿用的寝室。南北两部分建于不同年代但风格一致。它的东面是圣安东尼奥广场,西面是夫妻广场。这是从夫妻广场看到的景色(图2-5)。

图2-5 贸易与骑士院

贸易与骑士院靠近王宫一侧有一条长长的开敞式柱廊(图2-6)。

图2-6 柱廊

据介绍，阿兰胡埃斯王宫的立面充满东方风情（图2-7）。但是我怎么看也没有产生这种感觉。在我看来，不论门柱、窗户、阳台还是上方雕塑都是西方式的（图2-8）。虽然我看不出王宫立面的东方元素，但王宫内部的东方装饰绝对可以说是阿兰胡埃斯的特色，充分反映了伊比利亚半岛多民族争斗的历史和文化交融的遗存。王宫内部的中国殿和阿拉伯殿无论装饰、设计，还是布置绝对是奢华而又独具匠心的。

遗憾的是里面不能摄影，而且每个房间都有人把守，无法留下任何影像资料。只好多拍一些王宫外面的照片（图2-9）。王宫的门票对非欧盟老年人没有优惠，真是相当遗憾。

图2-7　阿兰胡埃斯王宫的正面

图2-8　王宫上方的雕塑和国旗

图2-9　阿兰胡埃斯王宫

作为曾经的王室驻地，阿兰胡埃斯除了王宫还有教堂和花园。坐落在圣安东尼奥广场南侧的圣安东尼奥皇家教堂在 1232 年开始建造，1307 年完工。由于深受拜占庭文化的影响，整幢教堂显现多元化风貌，是一幢从文艺复兴到哥德式建筑风格转型期的建筑，令人回想起威尼斯的圣马可教堂——教堂的圆顶和伊斯兰教寺院式的尖顶也很有特色（图 2-10）。这座教堂也是圣安东尼奥的坟墓所在地。

图 2-10　圣安东尼奥皇家教堂

在教堂祭坛边的礼拜堂是圣安东尼奥长眠的地方。祭坛和大理石像《从十字架上放下来的基督》都是杜纳提洛的作品。

中间的钟塔和波纹的立面受到了意大利文艺复兴风格的影响。

据介绍，这种曲线和反曲线相互作用的立面处理方式会使处于广场一端的建筑完全融合在广场里。看着这座教堂好像是有这种感觉（图 2-11）。

图 2-11　采用曲线和反曲线相互作用的立面处理方式

在充分参照巴黎凡尔赛宫的风格情况下,阿兰胡埃斯王宫修建了三个精美绝伦的花园:花坛花园、岛屿花园和王子花园。这三个花园在设计上可谓是独具匠心。

岛屿花园的花草、树木、雕像与喷泉相映成趣。没有想到的是在六月份的岛屿花园里,我竟然能看到红叶。特别是那些散落在树丛中的人物雕像,虽然我不知道它们的名字,栩栩如生的神态深深打动了我。其中的一些雕塑竟然还有点东方风情(图2-12～图2-14)。

图2-13 雕像

图2-14 具有东方风情的雕像

图2-12 红叶

阿兰胡埃斯，聆听传世旋律的宁静王宫

整个岛屿花园，宁静得几乎可以听到自己的心跳声。直到我走到水池边看到一位老人静静地喂鸽子，才感受到宁静的皇家花园所带来的田园般的生活气息（图2-15）。

花坛花园就在阿兰胡埃斯王宫的背后（图2-16）。参观王宫时，从窗户里就能看到。不大的花坛花园，精致而典雅。精心修剪的花坛和成组的雕塑群是它的特点，构成了典型的欧洲皇家宫廷花园风格（图2-17）。花坛花园正门不是很气派，但走进大门，看到的是皇家的风范（图2-18）。遗憾的是那天喷泉没有喷水。即使这样，精致的雕塑依然值得细细端详（图2-19）。

图2-15　老人

图2-16　阿兰胡埃斯王宫完整的背影

图 2-17 雕塑群

图 2-18 花坛花园的正门

图 2-19　雕塑

从花坛花园的大门穿过马路往东走大约不到一百米就到了阿兰胡埃斯规模最大的王子花园（图 2-20）。

图 2-20　王子花园

王子花园的全称是阿斯图里亚斯·卡洛斯四世王子花园,面积约 150 公顷,沿着塔霍河长达 3 公里,里面种植十八九世纪西班牙殖民者从海外带回来的各种新植物种类。王子花园是当时皇室成员的后花园,是西班牙唯一的"风景式、园林式"的公园。花园中高大的树木郁郁葱葱,最粗的三四个人才能合围起来,野鸡、松鼠、孔雀漫步其中,怡然自得。

据说王子花园是在欧洲有围墙的花园中最大的。从花园简介指示图中可以看到,花园里除了有三个喷泉外,还有一个叫"中国"的池塘(图 2-21)。花园中的主要景点是农庄和法鲁阿斯博物馆。特别要提到的是博物馆保存着十八世纪西班牙王室在塔霍河上游玩用的贡多拉,就是图 2-22 中间的那条豪华船。王子花园免费参观。因为花园太大,没有时间深入游览。塔霍河边的划艇俱乐部倒是把我吸引了过去。我去的时候正碰上一群少男少女做着出发的准备,不一会儿充满欢声笑语的划艇就渐渐远去(图 2-23)。河边还停着不少的游轮。这才是游王子公园的最佳路线。下次再有机会,我一定要乘船沿着塔霍河深入公园,像那群少男少女一样。

宁静的阿兰胡埃斯把宫殿、教堂、花园、河道、森林结合在一起充分体现了人类活动与自然的和谐关系。

图 2-21 花园简介

图 2-22 塔霍河上的游轮

图 2-23 划艇

3 埃斯科里亚尔，建在修道院里的王宫

埃斯科里亚尔修道院在马德里西北方向大约四十五公里的地方。这是一座建于菲利普二世时代的巨型建筑，到现在它仍是世界上最大的建筑物之一。当我在去阿维拉的高速火车上远远地瞥见这座矗立在阿坝托斯山坡上，装饰严肃、结构规整、色调灰暗的巨大建筑物后，就一直计划着去埃斯科里亚尔的时间。

从马德里去埃斯科里亚尔很方便。在蒙克劳地铁站旁边的长途汽车站 11 号站台乘 661 路郊区公共汽车花 3.35 欧元 45 分钟就到了。下车后一位会说英语的西班牙老人带着我拐了两个弯走上一个小小的台阶看到的就是下面的景色（图 3-1）。我静静地站在雄伟的建筑面前感动得要流泪。当我痴痴地仰望着这座无法用华丽形容，但却极庄重的建筑时，都差一点忘了与这位热情的老人告别。

图 3-1 埃斯科里亚尔修道院

这座修道院是哈布斯堡王朝的西班牙国王菲利普二世下令修建的，历时 21 年，从 1563 年动工直到 1584 年才完工。整个修道院一共用了数百万吨的花岗岩，有四千多间房间，采用长方形格子结构的建筑风格。菲利普二世是狂热的天主教徒，采用这种设计一是为了纪

念殉难的基督教徒圣劳伦斯，当年他就是被绑在这样形状的刑具上活活烧死的。二是为了实现他铲除异教、支持中世纪的宗教裁判所、建成天主教帝国的野心。在菲利普二世的推动下这种与传统的欧洲建筑风格截然不同的风格影响了西班牙半个多世纪。

菲利普二世是一个极其强权的国王，他是神圣罗马帝国皇帝卡洛斯一世的儿子，从他父亲手里继承了除奥地利和德国之外的大部分地区。他执政期间是西班牙历史上最强盛的时期。他建立天主教帝国的野心使他一直想把神圣的教堂和世俗的宫殿融合在一起。在菲利普二世的力主下，他的目的达到了，建成了这座融天主教堂和世俗宫殿为一体的宏伟建筑，并把它变成强大的政治力量中心。这种使世俗权力和宗教权力共处一室的做法在整个西方历史上也是绝无仅有的。

埃斯科里亚尔修道院的全称叫埃斯科里亚尔圣劳伦斯王家修道院，1984年被列入联合国教科文组织的世界文化遗产名录。据介绍，虽然叫修道院，其实这座巨大的建筑功用很多，包括修道院、宫殿、陵墓、教堂、图书馆、慈善堂、神学院等多项功能。菲利普二世的王宫也建在里面，图3-1中的中央拱顶左侧就是国王内室。据说国王可以从它的宫殿直接进入教堂。菲利普二世甚至可以从他的房间直接看到主祭坛，真是王权和神权的高度统一。

我在修道院北面的过街楼旁边的旅游信息中心要了一份地图，上面有相当详细的英语介绍，对我这次参观帮了很大的忙。

图3-2 修道院的参观入口

穿过过街楼就是修道院参观入口（图3-2）。售票处很大，明明白白写着门票8欧元，65岁以上欧盟公民3.5欧元。售票的是一位老人，购票时我问他是不是能享受优惠票价。他要求我出示护照并确认我的出生年月日确实超过65岁后卖给了我优惠票。呵呵，看来对欧盟公民的优惠也不是绝对严格的。修道院对优惠者的检查很有意思，在给优惠票的同时还发一张两厘米乘五厘米的黄色不干胶纸条贴在胸前，在参观过程中看到所有老头、老太太的胸前都有一张黄纸条。我一直后悔当时没有请一个老外帮我这个独行老头照张相留作纪念。

刚刚走进修道院就能看到教堂中心高高的尖顶和圆形的拱顶。教堂是修道院内最主要的建筑，中央塔顶高92米，是整个修道院的最高点（图3-3）。

图 3-3 教堂的尖顶和圆形的拱顶

图 3-4　庭院

图 3-5　修道院的主立面

图 3-6　中间门庭

这些庭院的装饰绝不奢华，四周的回廊和窗户显得简朴和庄重。据说整个修道院有 16 个类似这样的庭院（图 3-4）。

修道院的正门朝西。从这里可以看到整个修道院被灰色花岗岩建成的四层楼房所环绕，庄严肃穆。这座巨大的建筑平面呈长方形，长 207 米，宽 161 米。长方形的四角上，各耸立了一座 55 米高、尖顶上竖立着一个金属球体的七层角楼。我们在这里看到的主立面是长边，由三个门庭组成，中门最为宽大（图 3-5）。

正门的中间门庭不仅宏伟，而且充满艺术气息。从柱子上端的花饰可以清楚地看出下半部是多力克式的，上部是爱奥尼亚风格的（图 3-6）。

正门上方立着圣劳伦斯的雕像，其脸部和手部都用白色大理石雕成，倚靠在象征着他被折磨致死的刑架旁。下面是菲利普二世的王室徽标（图 3-7）。

图 3-7　圣劳伦斯的雕像和王室徽标

正门里面就是"国王庭院",对着的是埃斯科里亚尔大教堂。教堂的两座带有圆形屋顶的方柱形钟楼高72米(图3-8)。

图3-8 埃斯科里亚尔大教堂

教堂正面中间的基座上立着六个巨大的雕像,他们是旧约里的六个犹太王约沙法、以西结、大卫、所罗门、约书亚和马纳塞斯(图3-9)。菲利普二世坚信,在和异教徒的斗争中必须以犹太王为楷模。

雄伟的大教堂矗立在长方形四层灰色花岗岩建筑群的中央。这座由意大利建筑师设计,吸收了梵蒂冈圣彼得大教堂的

图3-9 六个雕像

建筑特点的教堂与修道院外围建筑不同，富丽堂皇、庄严凝重、蔚为壮观（图 3-10）。

图 3-10 大教堂

教堂的主祭坛宽 15 米、高 26 米。整个祭坛分成四层，最高一层的中间是基督和圣母的雕像，两边分别是圣彼得和圣保罗的雕像。下面三层分别用碧玉、玛瑙和红大理石的柱子做支撑。祭坛上一共有十五座雕像。主祭坛的两侧还有两组铜铸群雕，一组是卡洛斯五世国王和他的家人，一组是菲利普二世国王和他的三个妻子和一个儿子，栩栩如生（图 3-11）。

图 3-11 教堂的主祭坛

这座由十六世纪意大利著名雕刻家本维努力托·塞利尼创作的用白色大理石的耶稣像和黑色大理石的十字架组成的石雕作品称为《基督受难》，是基督教艺术的经典之作。现在放置在主堂旁边的一个小礼拜堂里。它是意大利佛罗伦萨的公爵送给菲利普三世国王的礼物，由十名脚夫从意大利一直扛到这里（图 3-12）。

图 3-12 石雕作品《基督受难》

回廊墙上画满壁画，在整个修道院里一共有 15 个回廊（图 3-13）。回廊上的壁画讲述的都是宗教故事，画面精美绝伦（图 3-14）。

图 3-13　回廊　　　　　　　　　　　　　　　图 3-14　壁画

在修道院里令我最为动容的大厅是战斗厅，整个一面长达三十几米的墙上画着一幅描绘圣康坦之战的宏大战争场面。遗憾的是这里绝对不能照相，我征求管理员的意见是否能在不使用闪光灯的情况下拍一张照片时，仍然得到了否定的回答。

站在埃斯科里亚尔修道院花园外面高处拍下了这张看得最全的全景（图 3-15）。你看这气势，果然是世上最大的宗教建筑。根据我从旅游信息中心拿到的地图上的说明，这座位于阿坝托斯山坡上的修道院海拔 1028 米，长 207 米，宽 161 米，由 16 个庭院、88 个喷泉、13 个小礼拜堂、15 条回廊、86 座楼梯、9 座塔、1200 扇门和 2673 扇窗组成。

图 3-15　埃斯科里亚尔修道院

在通往花园的路上,要经过回廊(图3-16)。

图3-16 回廊

修道院的东南两侧都是花园,常绿的灌木被修剪得整整齐齐,勾勒出各种美妙的图案和树丛间小路,这是典型的欧洲庭院风格(图3-17)。

城堡式的建筑和图案般的花坛,融合在远远的青山和蓝天白云中,修士们在这里修身养性(图3-18)。

图3-17 欧洲庭院风格的花园

图3-18 花坛

修道院的花园分成两层，上下两层风格略有差异（图3-19）。

图3-19 修道院的花园

花园中的花坛间点缀着不少这样的小型喷泉，一共有88个。残落的荷叶和忽游忽停的小鱼给宁静的花园带来了些许生气（图3-20）。

从花园往下看，寂静中传来牛群啃吃青草的声音（图3-21）。幽静的田园风光会不会给修士们带来对世俗的回忆？

图3-20 小型喷泉

207米×161米的四层环形建筑门窗无数。地图上介绍埃斯科里亚尔修道院一共有窗户2673扇，但要想真正数清埃斯科里亚尔修道院的门窗决非易事，据说从未有两个人能够得出一致的数目（图3-22）。

长方形修道院的四角上各耸立着一座七层塔楼，塔顶竖立着一个金属球体，整个塔楼高55米（图3-23）。

图 3-21　田园

图 3-22　埃斯科里亚尔修道院的门窗

图 3-23　七层塔楼

离开修道院后一直想找个地方好好地看看全景。沿着山坡往上走，在这个小广场上同时看到了教堂的三座塔楼。几个刚刚放学的学生围着广场中央的灯座嬉闹（图3-24）。

在自助游客常用的旅游指南《Lonely Planet》里介绍了从埃斯科里亚尔可以搭乘公共汽车去参观阵亡谷，这是佛朗哥独裁统治期间内战阵亡将士的墓地。我对西欧最后的独裁者佛朗哥和上个世纪七十年代才转入民主政体的西班牙颇有兴趣，很想去看看阵亡谷体会一下佛朗哥在西班牙人心目中的感受。遗憾的是当我在旅游信息中心打听如何才能去阵亡谷时，接待员竟然告诉我，现在无法去，景点关闭了。

图3-24　广场和三座塔楼

虽然没有去成阵亡谷，但我还是体会到了西班牙人对曾经的独裁统治的感觉。这张照片是我坐在前往塞哥维亚的长途汽车上拍的，这座在不同的西班牙人心目中感觉截然不同的十字架（图3-25）。

图3-25　远观阵亡谷

阿维拉，古城堡里的圣徒足迹

　　阿维拉是一座古老的城市，1985年被列入联合国教科文组织世界文化遗产名录。在当时世界遗产委员会给出的评价中提到了认定阿维拉作为世界文化遗产的两项重要标志，一是由塔楼和城门组成的阿维拉古城墙是西班牙保存得最完好的中世纪古城墙，另一个是使具有浓厚神秘主义色彩的天主教加尔默罗会得以复兴的圣人圣特蕾莎的出生地——阿维拉。我的阿维拉之行的目的就是沿着古老的城墙和圣特蕾莎的足迹开始感受西班牙深邃的文化。

　　阿维拉在马德里西北方向八十多公里的高原上，是阿斯蒂利亚－莱昂自治区阿维拉省的省会，海拔1130米，是西班牙地势最高的省会城市。从马德里出发时天在下小雨，到阿维拉时虽然没有下雨，但低矮的云层给人一种仿佛穿越时空隧道降临中世纪的感觉。不论在国内还是国外，只要到古城，我总希望能看一看古城的全貌。因为静静地、呆呆地望着这古老的城池会使我沿着它的建筑、它的事迹、它的历史毫无约束地想象。在阿维拉，我登上了城西的高地，沉醉在对中世纪繁盛时阿维拉的无限遐想中(图4-1)。

图4-1　阿维拉古城的全景

四柱台，位于阿维拉去萨拉曼卡的公路旁，从阿维拉城西面的阿达哈桥门出去大约一千米左右。这里是观赏阿维拉全景的最佳地点，上面那张全景照片就是在这里拍的。这里也是遍布全城的圣特蕾莎修女的圣迹地之一（图4-2）。

图4-2　四柱台

　　一位老人在这里写生，他和我眼中的阿维拉在这里构成了一张完美的极限图片（图4-3）。

图4-3　写生的老人

　　阿维拉的城墙是西班牙保存最好的中世纪古城墙，甚至可以认为是欧洲保存得最完好的古城墙。这座城墙是十一世纪基督教为了防止穆斯林入侵而修建的（图4-4）。

图 4-4　阿维拉城墙

阿维拉城墙保护得好是因为整个四方形的城墙完整地保留到现在。城墙全长 2550 米，宽 3 米，高约 12 米，每隔 25 米有一座塔，全城共有 88 座炮塔和 9 座城门（图 4-5）。

从城内看到的城墙，这是阿维拉西南角城墙的一部分。一千年前基督徒据此防守穆斯林的侵入，可谓固若金汤（图 4-6）。

图 4-5　阿维拉城墙

图 4-6　从城内看城墙

王宫门是阿维拉古城最雄伟的城门之一。坐火车来的游客绝大部分选择从这里进入阿维拉古城（图 4-7）。

王宫门旁城墙下有一座汉白玉圣特蕾莎雕像（图 4-8）。特蕾莎 1515 年出生于阿维拉一个基督教贵族家庭，十几岁就进入修道院当了修女。她看不惯当时欧洲教会普遍存在的腐败现象，在 47 岁时创立了阿维拉赤足加尔默罗会，以持守祷告、苦行、缄默不语、与世隔绝等戒规改革基督教，是禁欲主义和神秘主义的代表。赤足穿草鞋是当时加尔默罗会的重要标志，哪怕是在阿维拉寒冷的冬天，他们也是用这种方式磨练自己的意志。特蕾莎的改革使教会在西班牙得以复兴，从而在宗教史上享有盛誉。改革的成功使她成为十六世纪欧洲最知名的女性之一。1979 年获得诺贝尔和平奖的阿尔巴尼亚裔印度修女特蕾莎就是为纪念这位圣特蕾莎而取这个名字的。1582 年特蕾莎修女从塞戈维亚返回阿维拉途中遭反对改革的人用石头袭击身亡，终年 67 岁。

图 4-7　王宫门

图 4-8　特蕾莎雕像

从十六世纪开始特蕾莎的名字就一直和阿维拉联系在一起。在阿维拉，教堂、广场、城门、街道甚至商店、餐厅都有叫特蕾莎的。这是在王宫门上看到的圣特蕾莎广场，对面是圣佩德罗教堂（图4-9）。

图4-9　圣特蕾莎广场

在基督教恢复统治地位时期，阿维拉处在伊斯兰王国统治的边缘地带。它有许多宗教建筑，其防御功能和宗教作用紧密相连。圣佩德罗教堂位于古城墙外东南角的圣特蕾莎广场上（图 4-10）。教堂的内部灯光和外部结构秉承了城墙古朴的建造风格，是城墙的附属建筑。圣佩德罗教堂于 1985 年入选世界文化遗产目录。

图 4-10　圣佩德罗教堂

坐落在圣特蕾莎门旁边的圣特蕾莎修道院，是 1636 年在特蕾莎修女的故居上修建起来的（图 4-11）。

图 4-11　圣特蕾莎修道院

修道院由巴洛克和新古典主义风格的教堂、果园和博物馆组成（图4-12）。这里到处可以看到对圣特雷莎的纪念。教堂正门的门楣上是圣特雷莎修女雕像（图4-13）。修道院教堂内有圣特雷莎修女圣像（图4-14）。教堂内部还留有特蕾莎修女故居的遗迹。1515年3月28日圣特雷莎修女出生的房间依然保留着（图4-15）。从房间的窗户看出去能看到她们家的果园（图4-16）。绕过教堂还有特蕾莎修女遗物陈列室，可以免费参观，但不能拍照（图4-17）。此外恩惠圣母修道院、圣何塞修道院、化身修道院等都与圣特雷莎有关。

图4-12　圣特蕾莎修道院

图4-13　圣特蕾莎修女雕像

图4-14　圣特蕾莎修女圣像

图 4-15　圣特蕾莎修女出生的房间　　图 4-16　特蕾莎修女故居的果园　　图 4-17　特蕾莎修女遗物陈列室

圣特蕾莎的足迹遍及阿维拉古城和周边地区。在阿维拉城外，从王宫门往东走大约 5 分钟就是圣何塞修道院（图 4-18）。这是 1562 年由特蕾莎修女主持建立的第一个修道院。特蕾莎修女在西班牙共建了 18 个修道院。这里有一个小型的圣特蕾莎博物馆。

图 4-18　何塞修道院

阿维拉大教堂嵌在东边的城墙里，是西班牙第一座哥特式教堂。它有值得夸耀的胡桃木制的唱诗班席位，长而狭窄的中庭天花板很高，看起来更加庄严（图 4-19）。

这座教堂建于十二世纪初，至十六世纪才建造完成，是罗马式和哥德式的混合体，后方有一座西摩洛塔，能够有效形成防御机制，是一座具有城堡功能的教堂。教堂的正立面相当精彩，特别是大门门楣上的雕塑（图 4-20 ~ 图 4-21）。

图 4-19　阿维拉大教堂

图 4-20　正立面

图 4-21　门楣上的雕塑

这座教堂的一大特点是由一座巨大而坚固的堡垒与城墙连在一起。从城墙北侧看到的钟楼和半圆形后殿一直被我当成城堡，走进去后才知道原来是教堂（图4-22）。

图4-22　从城墙北侧看到的钟楼和半圆形后殿

从城墙南侧可以看到阿维拉大教堂的全景（图4-23）。

图4-23　阿维拉大教堂全景

教堂外观虽然非常质朴简单，但内部大有可观。中央礼拜堂的祭坛屏风描绘了基督的一生，它是佩德罗·贝鲁格特的作品。教堂内的唱诗班席饰有银匠风格的雕刻，是文艺复兴时期的风格；内部还有许多建筑是红斑的石造工艺，很别致，而附属的博物馆则收藏了许多罗马时期的绘画，其中以胡安·阿尔法的"圣餐盒"最著名。

圣维森特教堂位于阿维拉城墙之外，是一座罗马式教堂。教堂始建于公元11世纪，是阿维拉最重要的罗马式建筑。教堂前的花岗岩拱廊打造出传统的罗马风格。除了被誉为圣地亚哥大教堂的光辉门廊外，教堂的后半部分也同样融入了哥特式的建筑元素。教堂因内部设有殉道者圣维森特及其姐妹们的衣冠冢而得名。教堂背后就是宏伟壮观的圣维森特城门。

和阿维拉大教堂相比，圣维森特教堂更加朴素。1985年，圣维森特教堂和阿维拉城墙一起入选世界文化遗产目录（图4-24）。

图4-24　圣维森特教堂

由于圣特蕾莎的努力和后人的保护，阿维拉成为当今世界上教堂最密集的地方。在只有0.4km²的阿维拉竟然有20座教堂。

5. 托莱多，迷宫般古都的昔日辉煌

西班牙是一个拥有辉煌的过去和深邃的历史的国家。从十五世纪哥伦布发现新大陆之后的二百多年里，西班牙曾经是人类历史上第一个真正意义上的全球帝国。在这块土地上，古罗马人、西哥特人、阿拉伯人、犹太人和西班牙人创造了灿烂的文化。这些历史和文化都与一个城市紧密相连，这就是历经近千年雄霸伊比利亚半岛的神秘古都托莱多。

托莱多建城已经有两千多年历史。1561年西班牙国王菲利普二世迁都马德里后，托莱多结束了它近千年的盛世。联合国教科文组织于1986年把托莱多列入世界文化遗产名录。

托莱多在马德里以南70公里，现在是卡斯蒂利亚-拉曼恰自治区托莱多省的省会，同时也是自治区的首府。从马德里去托莱多，可以在阿托查火车站乘坐高速火车，大约一个小时一班，车程半小时。习惯早起的我七点十分就赶到火车站，八点就到了托莱多，正好体验了托莱多周一的早高峰。跟着上班的人群花了0.9欧元坐着一辆我也没有搞清楚路线的公共汽车到了这个城市最著名的苏克德贝尔广场。这是一个让人坐下来就不想离开的广场。在这里能感觉到真正的生活气息。这样的广场似乎是西班牙的特色，小小的广场四周的房子都有廊柱，遮阳伞下的餐厅、酒吧不论什么时候都坐满了人（图5-1）。

图5-1 苏克德贝尔广场

从苏克德贝尔广场向西沿 Comercio 街走，马上就能感觉到古都的昔日辉煌。虽然街道狭窄，但两边四五层的楼房结构精美、装饰典雅，无论灯饰还是阳台都不失皇城气派。最有特色的是整条街上高高地挂着已经发灰的白帆布。当然这应该是近年作为世界文化遗产保护的杰作，解决了没有树荫的古城的遮阳问题（图 5-2）。

苏克德贝尔广场通往城堡方向有座门，叫"圣血门"，采用的是典型的马蹄形的伊斯兰风格造型（图 5-3）。

图 5-2　Comercio 街　　　　　　　　图 5-3　马蹄形的圣血门

门外朝东有一座塞万提斯铜像，这里是托莱多塞万提斯街的起点。在我所去过的那些城市的重要建筑和广场旁通常都能看到纪念塞万提斯的艺术品（图 5-4）。

塞万提斯和他的作品里的人物堂吉诃德的形象在西班牙真是随处可见，这毫无疑问地体现了这位大文豪的崇高地位。不过我真是无法理解为什么把这么漂亮的门叫这么个名字，也无从了解，但这个广场在中世纪时曾经是执行宗教审判的火刑的地方，或许是因为死刑犯要经过这道门而得名吧。

从苏克德贝尔广场东面的马路往南是查理五世坡道，一直往上走就是建于十六世纪的阿尔卡萨王宫城堡。

阿尔卡萨王宫城堡位于托莱多的最高点，因此地理位置十分重要，从古罗马时代就是要塞。十一世纪这里成了卡洛斯一世国王的王宫，现在看到王宫城堡是十六世纪为查理五世建的。1561 年西班牙迁都马德里后，所谓的王宫就徒有虚名了（图 5-5）。

图 5-4　托莱多圣血门外的塞万提斯铜像

图 5-5　阿尔卡萨王宫城堡

　　阿尔卡萨王宫刚建好国王菲利普二世就决定迁都马德里。原计划作为西班牙王宫的这座城堡也被用作其他用途，如皇室监狱、军队营房、丝绸作坊等，如今阿尔卡萨城堡内设有卡斯蒂利亚－拉曼恰自治区图书馆和军事博物馆。在博物馆的最底层，还可以看到都已成为残垣断壁的砖墙。

　　托莱多大教堂是一座至今仍保留着中世纪风貌的建筑，是西班牙三座十三世纪哥特式主教座堂之一。

　　大教堂中殿及其周围的 22 个礼拜堂是整个教堂中装饰最豪华的部分。主座座堂大祭坛及祭坛顶部的穹顶非常具有特色，五组彩色松木雕刻作品占满祭坛的整个墙面。托莱多大教堂采用了当时在西班牙教堂中很少用的法国哥特式建筑形式，西班牙的艺术风格也得到了充分表达，体现了西班牙和法国在建筑艺术风格上的融合。

　　托莱多绝对是一个相当拥挤的古城，连广场都非常窄小。我在市政广场的最远处才拍到了包括两座塔楼的教堂正面全景，但还躲不开广场上杂乱无章地停放的汽车。现在看到的托莱多大教堂始建于 1226 年，历经二百多年的建设在十五世纪末才告完工。左面的塔楼是哥特火焰式的尖顶，右面的塔楼是哥特文艺复兴式的圆顶（图5-6）。

图 5-6　托莱多大教堂

托莱多大教堂的正门，雕塑和装饰极其精美（图5-7）。这块地方在穆斯林统治的三百年中是清真寺，1085年阿方索六世从摩尔人手中夺回托莱多时曾经许诺为阿拉伯人保留做礼拜的地方，但最终没有兑现承诺而改建了天主教堂。不同宗教的共存是多么不容易啊。

图5-7　托莱多大教堂的正门

托莱多市政厅是托莱多的市议会所在地，坐落在托莱多古城中心的市政厅广场。托莱多大教堂的对面，左右分别毗邻总主教宫和法院，兴建于17世纪，立面为古典主义风格。托莱多市政厅的两座塔楼附带有巴洛克风格的塔尖（图5-8）。

图5-8　托莱多市政厅

这是托莱多古都时期的市政厅（图 5-9）。

图 5-9　托莱多古都时期的市政厅

在托莱多旅游有一个人是不能不关注的，那就是格列柯。这位出生于希腊的十六世纪西班牙画家曾经在威尼斯师从提香，带着成为西班牙宫廷画家的憧憬却在马德里受到排挤。不过他在托莱多找到了发展的机会。由于迁都而感到失落的西班牙贵族欣赏格列柯，使他把后半生全部贡献给了托莱多，创作了很多传世之作，当然最著名的要数《奥尔加兹伯爵的葬礼》。我的托莱多之行也可以说是追寻格列柯之旅。

托莱多境内的圣多美教堂，是在十四世纪的时候由住在托莱多的阿拉伯人建造的，是属于穆德哈尔风格的建筑。这里之所以著名是因为珍藏了画家格列柯的代表作《奥尔加斯伯爵的葬礼》的真迹（图 5-10）。

图 5-10　圣多美教堂

图 5-11 《奥尔加斯伯爵的葬礼》

图 5-12 老圣多明戈修道院

名画《奥尔加斯伯爵的葬礼》其实并不在圣多美教堂内，而是在教堂旁边的圣多美博物馆里展出。圣多美博物馆原先是教堂的一个殿堂，后因展览《奥尔加兹伯爵的葬礼》的需要，被单独改成了博物馆。

博物馆里只有《奥尔加斯伯爵的葬礼》一幅画。该画作被认为是世界最著名的画作之一。这幅作品是圣多美教堂的神父在 1586 年委托格列柯所作，用于纪念曾经给教会捐献过大量资金的托莱多贵族奥尔加斯伯爵。

由于博物馆里不让拍照，因此我翻拍了该作品的明信片供大家欣赏（图 5-11）。

画作色彩之鲜艳、构图之严谨、风格之独特、内容之神秘令我震撼。画作分为上部分和下部分，上部分是寓言天堂，下部分是寓言人间。画作反映了在奥尔加兹伯爵的葬礼上圣斯提芬和圣奥古斯丁神奇显灵的场景。画作中不仅包含了当时贵族、教士和一些社会名流，就连画家的儿子也出现在其中。令人费解的是十六世纪的人物居然出现在十四世纪的葬礼上面，我想这是画家为了显示他的绝技吧。

老圣多明戈修道院是托莱多最早的一座修道院。1085 年托莱多成为西班牙首都后，这座修道院曾多次被各种文学作品提及。修道院中保存着西哥特时代的物品和埃尔·格列柯的油画，同时埃尔·格列柯本人的墓地就在这座修道院里（图 5-12）。

要在托莱多找到这里也实属不易，我起码在周围绕了三圈才最终确认应该从这座小小的铁门进去，里面极其阴森。参观者只有我一个人，接待者也只有一位穿着黑色长袍的老修女。我往哪里走她才打开哪里的灯，我离开哪里她就把哪里的灯关掉。里面有一个不小的圣像圣器博物馆，老修女不断用西班牙文向我絮叨着什么，然而我一点儿也听不懂。突然她指着圣殿旁离地面也就三四十公分高的一个铁栅栏小窗户并打开了一个地穴的灯，我惊讶地发现里面是一具黑色的棺材。这就是格列柯的陵墓。由于不让拍照，无法留下格列柯把他的全部献给托莱多后的最终影像。图 5-12 这扇门也是我出来后补拍的。

圣胡安皇家修道院位于托莱多犹太区的中心位置,是一座历史悠久的天主教方济各会修道院。修道院建设的初衷是为了显示天主教信仰在西班牙至高无上的地位。修道院最值得游览的是其精美绝伦的双层回廊,回廊的雕刻非常值得用心欣赏。

托莱多的圣胡安皇家修道院始建于1476年,由阿拉贡国王斐迪南二世和卡斯蒂利亚女王伊莎贝拉一世兴建,用以作为自己最后的安身之处。选择在托莱多兴建,是因为该城位于西班牙的地理中心,且是西哥特王国的故都。但在1492年征服格拉纳达后,国王和女王改变了原计划,选择葬在格拉纳达,然而修道院工程也接近完工。修道院在拿破仑攻陷托莱多的时候损毁严重,经过反复修整才得以重新开放(图5-13)。

圣胡安修道院教堂是我在托莱多游览时难得碰到的可以拍照的地方,总算可以留下一幅圣坛的精彩图片(图5-14)。

教堂的二层回廊上的雕塑和装饰精美绝伦(图5-15)。

图5-13　圣胡安皇家修道院

图 5-14　圣坛

图 5-15　回廊

雄伟的圣伊德方索教堂矗立在胡安·德·玛利亚娜广场上。这座教堂是托莱多最经典的巴洛克式风格的教堂，是耶稣会教徒的静修之地（图 5-16）。

这是我拍的圣伊德方索教堂完整的内景（图 5-17）。

图 5-16　圣伊德方索教堂外景

图 5-17　圣伊德方索教堂内景

教堂里几乎没有什么华丽的内饰，和之前看过的托莱多大教堂相比可以用朴实无华来形容，但从墙壁到天花板那一尘不染的白色，却让人有一种被净化的感觉。

托莱多一共有七座城门，最北部阿拉伯风格的比萨格拉门，是托莱多的正门。建筑由两个主体部分和一个中央庭院组成。在国王查理五世执政期间，比萨格拉门被重建，并在拱门上加建了托莱多市徽。城门上巨大的双头鹰徽章是西班牙最辉煌的国王查理五世的标志，内墙上刻有西班牙文学大师塞万提斯给托莱多城的题辞：西班牙之荣耀，西班牙城市之光（图 5-18）。

图 5-18　比萨格拉门

比萨格拉拱门上面是卡洛斯五世国王御赐的托莱多城徽，由双头巨鹰和帝国徽章组成（图 5-19）。

从城南到街道，从教堂到城堡，托莱多显示了它从古罗马、西哥特、摩尔人统治时期一直到统一的西班牙形成初期的历史积淀，显示了西班牙古都的魅力。

图 5-19　托莱多城徽

6 埃纳雷斯堡，五百年前的大学城

　　大学城，在我的心目中是一个挺新的概念，好像也就是最近十来年的事。令人惊叹的是当我来到马德里以西三十公里的阿尔卡拉·埃纳雷斯堡时，看到的是建成于五百年前的世界上最早的大学城。更令人匪夷所思的是这一概念的提出者和实践者竟然是一位名叫西奈罗斯的红衣主教。当时的欧洲刚刚结束了黑暗的中世纪，文艺复兴的春风带来了新艺术、新文化，也开启了人们的新思维。重视教育又思想开放的西奈罗斯红衣主教想把教育从中世纪封闭的修道院的围墙里解放出来，于是产生了积极参与社会活动、专注传授知识、构建良好教育环境、为大学教育规划城市建设的理念。1998年联合国教科文组织把埃纳雷斯堡大学城及历史区列入世界文化遗产名录时给出的评语是：埃纳雷斯堡是世界上第一座被规划成为大学城的城市，由西奈罗斯红衣大主教于16世纪早期建立。埃纳雷斯堡是后来西班牙传教士带到美洲的理想城市社区（又被称为上帝之城）的范本，同时它也为欧洲乃至全世界的大学提供了设计模型。

　　十六世纪是埃纳雷斯堡大学城发展的黄金时期。大学城的阿尔卡拉大学（又名贡布鲁登塞大学）从艺术、法律、神学三个系科逐步发展成包括医学、文学和自然科学的全科大学，成为十六世纪西班牙最好的大学。鼎盛时期他们还编纂了第一部西班牙文语法。1836年阿尔卡拉大学由于政治原因迁往马德里而衰落，直至1977年西班牙重建民主政治后阿尔卡拉大学才在埃纳雷斯堡大学城原址恢复办学。在阿尔卡拉·埃纳雷斯堡，我主要参观了由西奈罗斯红衣主教于1499年开办的圣伊德方索高等学院，学院的建筑也被列入世界文化遗产名录。

　　圣伊德方索高等学院现在是阿尔卡拉大学的行政楼（图6-1）。

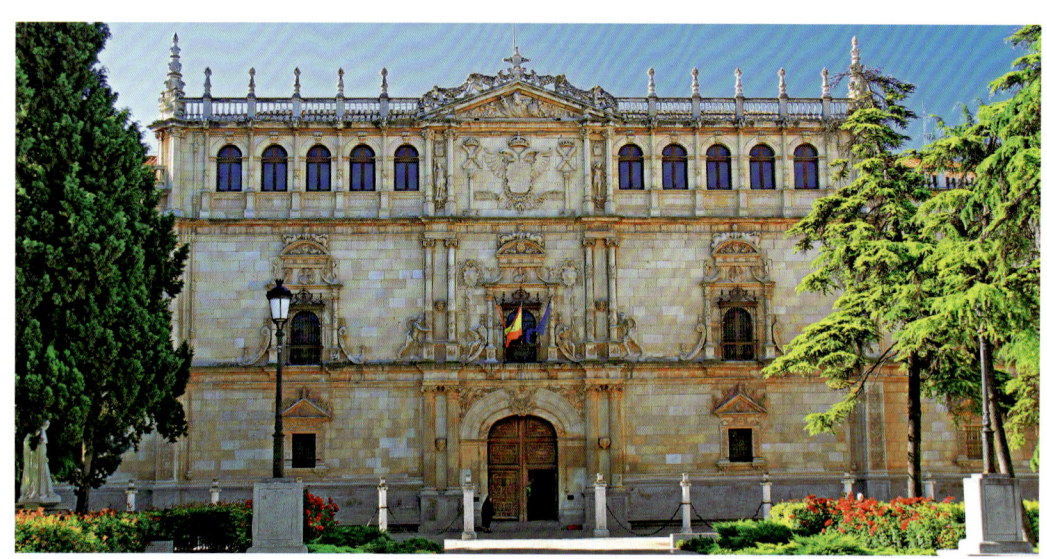

图6-1　圣伊德方索高等学院

行政楼正面前面的一些雕塑都非常精美细致（图6-2）。阿尔卡拉大学行政楼中间的圣托马斯庭院，四周一至三层的柱廊给人开放、敞亮的现代大学感觉（图6-3）。正面三层的顶部是校徽雕塑（图6-4）。柱廊的墙面上有一些关于学校历史的浮雕。其中一幅阿尔卡拉大学校董纪念标牌的浮雕描绘的是行政楼的主立面（图6-5）。人们看到这幅作品，不禁会对这座世界上最早的大学产生敬意。

图6-2　精美的雕塑

图6-3　圣托马斯庭院

图6-4　校徽浮雕

图 6-5　校董会纪念标牌

从圣托玛斯庭院继续往里走就是圣伊德方索学院最精美的部分——三语庭院。三语庭院也是四周柱廊的方形庭院（图 6-6 ~ 图 6-7）。平时只对参加学校组织的收费旅游团的参观者开放。三语庭院的东侧有一扇很精致的门，里面是大学城最古老的建筑圣伊德方索祈祷堂，现在是阿尔卡拉大学礼堂（图 6-8）。不要小看这扇门，里面的礼堂里可是一座文学的殿堂。每年的塞万提斯逝世纪念日，西班牙国王会在这里亲自颁发西班牙语系国家最重要的文学奖——塞万提斯文学奖。想进入礼堂必须参加专门的有导游介绍的参观团，从上午十点到下午七点差不多一个小时成团，门票 4 欧元，老人没有优惠。遗憾的是只有西班牙文讲解。

图 6-6　三语庭院

图 6-7　柱廊

图 6-8　圣伊德方索祈祷堂

　　反正听不懂。我花时间仔细看看内部的装饰。精美绝伦的穆德哈尔风格镶嵌式天花板（图 6-9）和色彩艳丽的彩色地砖铺成的地面令人叹为观止。非常有特色的是圣坛（图 6-10）在礼堂的东侧。这里也是西班牙国王向获奖者颁发塞万提斯文学奖的地方。

图 6-9　穆德哈尔风格镶嵌式天花板

图 6-10　礼堂东侧的圣坛

阿尔卡拉大学的展览室里有一个埃纳雷斯堡城市模型，从这里可以看到全景（图6-11）。中间一道绿色的树木带下方是埃纳雷斯堡大学城，上方的右侧是埃纳雷斯堡历史区，塞万提斯的故居就在那里。那条绿色树木带所在的地方现在叫做塞万提斯广场。

图6-11　埃纳雷斯堡城市模型

离开圣托马斯庭院时，我看到一群前来参观阿尔卡拉大学的学生（图6-12）。这使我想起了在中学毕业前也曾经参观过大学，那时有多少憧憬和梦想啊。

图6-12　圣托马斯庭院

7 感受塞万提斯

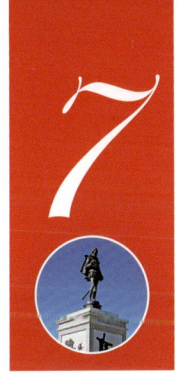

埃纳雷斯堡除了列入世界文化遗产名录的大学城之外还有极重要的价值，这里是塞万提斯的出生地。和很多人一样，我也是先知道堂吉诃德后知道塞万提斯的。念初中时看过前苏联的电影《堂吉诃德》，从那之后，这个手持生锈长矛、骑着瘦弱老马的没落骑士冲向风车那令人匪夷所思的疯狂一幕，这一辈子也没有忘却。堂吉诃德身上疯狂而可笑的行为和思想上对正义和爱情的信念所反映出来的行和信的矛盾及冲突被塞万提斯揭露得淋漓尽致。塞万提斯也因为把文艺复兴时期新旧信仰体系交替过程中出现的信仰空白时期社会心态展现无遗，而被誉为西班牙文艺复兴时期最伟大的作家。塞万提斯在我的心目中几乎是西班牙的代表，远重于任何西班牙国王。其实我觉得这一点好像也被整个西班牙人民所接受。塞万提斯学院已经成为西班牙向全世界推广西班牙语言和文化的政府行为和品牌标志。而每年由西班牙国王亲自授予的塞万提斯奖更是西班牙语世界的最高文学奖项，也被称为西班牙语的诺贝尔文学奖。

在一个人闯荡西班牙的这几天时间里，我所到之处都会追寻塞万提斯的踪迹。只要知道有关塞万提斯的遗迹或景点就会赶去探个究竟。从到达马德里游览的第一个景点西班牙广场开始，再到回国前的那个傍晚又恋恋不舍地离开塞万提斯塑像，这位大文豪和他笔下的那位来自拉曼查的骑士堂吉诃德爵士都时时陪伴着我，让我感受曾经的世界级大国西班牙的文化底蕴。

塞万提斯出生在马德里以西三十公里的阿尔卡拉·埃纳雷斯堡，我到那里游览时最容易找到的地标就是市中心的塞万提斯广场。一座塞万提斯的铜像矗立在四面镶嵌堂吉诃德浮雕的基座上（图7-1）。从塞万提斯广场起始的老城马约尔街就可以通向大文豪的出生地。

马约尔街上一座两层小楼就是塞万提斯故居博物馆，1547年9月29日伟大的西班牙作家米盖

图7-1　塞万提斯广场

尔·德·塞万提斯·萨维德拉就降生在这里（图7-2）。门前，堂吉诃德现在还无休无止地对他的侍从桑丘侃侃而谈。这座现在看起来保持着原来样式的建筑重修于1956年。

图7-2　塞万提斯故居博物馆

塞万提斯故居博物馆的旁边是古老的安特萨那医院，建于1483年，在一个宗教团体的资助下一直运行到现在。当时这位西班牙最伟大作家的父亲罗德里格·塞万提斯是这家医院的外科医生（图7-3）。

图7-3　安特萨那医院

塞万提斯故居博物馆是免费参观的。每周二到周日上午十点到下午六点开放，周一、圣诞节和元旦休息。

故居体现了十六世纪西班牙富裕家庭的生活状况。中间是文艺复兴时期的一个漂亮的庭院，周围是八根雕着莨苕花的科林斯式花岗岩柱子。庭院的西南角是一座精致的水井。一楼主要是工作和会客空间，包括厨房和餐厅。现在这里展出不同时期各种语言版本的《堂吉诃德》。这里也是收藏不同语言版本最多的博物馆之一。由于室内都不让拍照，我只能留下一些外景（图7-4）。

图7-4　庭院

二层是生活空间，主人卧室、女眷卧室和婴儿卧室都在这里。中间有红色牌子的房间就是塞万提斯出生的房间（图7-5）。

从故居出来，堂吉诃德还在那里没完没了地侃着，你们看看，桑丘都听腻（图7-6）了。

图7-5　塞万提斯出生的房间

图7-6　堂吉诃德和桑丘雕像

塞万提斯广场旁边原先的圣塔玛利亚教堂，现在常年举办塞万提斯生平展览。这个展览是阿尔卡拉·埃纳雷斯堡市政当局根据民众的要求于 2005 年纪念《堂吉诃德》第一版发行 400 周年时建立的（图 7-7）。

图 7-7　圣塔玛利亚教堂

塞万提斯生平的简历（图 7-8）。1547 年 10 月 9 日在圣塔玛利亚教区教堂受洗，1616 年 4 月 22 日在马德里逝世，23 日安葬于马德里三位一体教堂修道院。

塞万提斯铜像的基座上，刻有四幅堂吉诃德小说人物的浮雕（图 7-9）。

这里仿佛到处都和塞万提斯有关，埃纳雷斯堡是了解这位西班牙大文豪的必游之地。

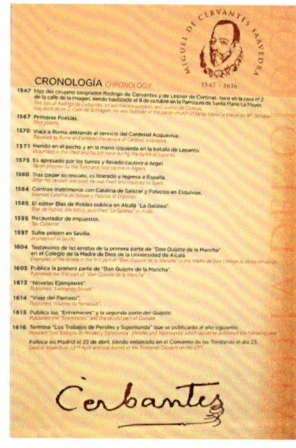

图 7-8　塞万提斯生平简历

图 7-9　塞万提斯铜像

8 塞哥维亚，深受皇室青睐的古罗马重镇

到西班牙旅游一定要去塞哥维亚，因为它的历史、文化、建筑、古迹是那样的引人入胜。

塞哥维亚建城可以追溯到公元前。自从公元一世纪罗马人攻占塞哥维亚之后，这座城市一直在西班牙占有重要的地位。两千年来这座城市像整个伊比利亚半岛一样历经罗马人、西哥特人、阿拉伯人和西班牙人的统治，多民族文化从时间到地域、从争斗到融合产生了有别于欧洲大陆其他地区的独特的西班牙人文景观、民族风情和文化特色。塞哥维亚老城盘踞在仅仅八百米长的狭长三角形山岩上，在这个狭小的地方竟完好地保存着建于公元一世纪的古罗马引水桥、始建于十一世纪的王宫、建于十五世纪的教堂和鳞次栉比的中世纪以来的各种罗马式、哥特式、穆德哈尔式和文艺复兴式的古建筑。按照当地人的说法，这些古建筑在伊比利亚半岛中央高原连绵不断的山脉的映衬下犹如一艘行驶在历史洪流中的"石头船"，阿尔卡萨城堡酷似船头，塞哥维亚主教堂巍然高耸的钟楼就像桅杆，高架引水桥就是船舵。这座几乎是西班牙保存得最完好的历史名城早在1985年就被联合国教科文组织列入世界文化遗产名录。这样的古城能不吸引我去看看吗？

从马德里去塞哥维亚很方便，可以乘火车也可以坐长途汽车。去小城镇旅游，火车站往往离老城有相当远的距离，不是很方便，而长途公共汽车站则几乎就在老城边上，比较方便。2010年6月16日（中国的端午节）一早，我冒着蒙蒙细雨穿上毛衣和棉毛裤搭乘长途车向坐落在距马德里约一百公里、海拔一千米的中央高原上的塞哥维亚进发了。

当我走出长途汽车站走到通向集市广场的大街上看到古罗马高架引水桥和现代欧式民居如此融洽地一起展现在我的面前时，我真的感受到历史离我们有多近，重叠在一起的文化又有多厚重。

穿过街道看到的古罗马高架引水桥如此自然地融合在现代人的生活中（图8-1）。建于公元一世纪的引水桥长八百多米，这里看到的是视野最开阔也是最高的一段，最高处达29米。据说当时建引水桥的目的是把15公里外的河水引到塞哥维亚城。为了架起这座巨大的引水桥，桥体采用了双层拱洞结构，用128根全部由大理石石块竖起的柱子把引水桥高高托起。这样的建筑即使在现在看起来也是相当壮观（图8-2）。如果抬头仰视巨大的引水桥上层，真的能让人感受古罗马人的高超的建筑技术和为人类生存环境改善所做的努力（图8-3）。要了解引水桥的规模一定要沿着引水桥走走。引水桥的东段是一个坡道（图8-4和图8-5）。沿着坡道可以慢慢地往上走，到高处再穿过拱洞回望，引水桥显得更加壮观（图8-6）。从这里也可以看到塞哥维亚另一个重要的古迹，塞哥维亚主教座堂（图8-7）。

图 8-1 引水桥

图 8-2 引水桥

图 8-3 引水桥

图 8-6 引水桥

图 8-4 引水桥的东段

图 8-7 穿过引水桥可看到教堂

图 8-5 引水桥东段

不要忘了应该到引水桥旁边的集市广场去看看，那里有一个引水桥纪念碑（图 8-8）。当然这是后人为了纪念这个伟大的工程而修建的。在引水桥旁边还可以看到这样一座雕塑，它使我们想起这座城市可能和罗马有一个几乎完全相同的起源（图 8-9）。

图 8-8　引水桥纪念牌

图 8-9　雕塑

再往前走就会看到这个美丽的原野之城广场。中间是罗马式风格的圣马丁教堂，右侧是著名的卡斯蒂利亚公社拥护者胡安·布拉沃的雕像（图 8-10）。

图 8-10　圣马丁教堂

圣马丁教堂的柱廊颇具特色（图 8-11）。

图 8-11　圣马丁教堂的柱廊

广场的北面有这么一座喷泉，把游弋在对宗教文化崇敬中的我拉回到充满亲情的现实生活里（图 8-12）。

图 8-12　喷泉

广场另一侧是建于十四世纪的罗索亚高塔，塔顶是穆德哈尔风格的。这座高塔原先是用作防御的建筑（图 8-13）。

图 8-13　罗索亚高塔

马约尔广场旁的圣米盖尔教堂是保存着一些罗马式元素的哥特式建筑（图8-14）。虽然这座建筑不起眼，但这里曾经是伊莎贝拉一世加冕为卡斯蒂利亚女王的地方。正是这位卡斯蒂利亚女王和阿拉贡的斐迪南国王联姻，使得当时伊比利亚半岛上最强大的基督教国家卡斯蒂利亚王国和阿拉贡王国的合并，形成了现代意义上的西班牙，从而触发收复失地运动，直至把阿拉伯人赶出伊比利亚半岛。

图8-14　圣米盖尔教堂

圣安德列斯教堂,建于十二世纪的罗马式风格教堂。这座教堂的钟楼是砖筑的,塔顶是用灰色的板岩覆盖的(图8-15)。

穿过这里的花园就看到了童话般的阿尔卡萨城堡(图8-16)。

图8-15　圣安德列斯教堂　　　　图8-16　阿尔卡萨城堡

从塞哥维亚南部城墙看过去的古城,中间高高耸立的是塞哥维亚主教堂(图8-17)。

图8-17　塞哥维亚主教堂

沿着城墙走可以看到古老的"太阳之家",这里现在是省博物馆(图8-18)。

图8-18 "太阳之家"

圣安德列斯门,是塞哥维亚古城城墙上最古老的城门(图8-19)。它既是中世纪的军事建筑,也是基督徒和犹太人聚居区的分界。

图8-19 圣安德列斯门

这是《Lonely Planet》里介绍的塞哥维亚最知名的餐厅。我进去转了一圈，古老而高贵，但感觉不到与文化遗产的近距离交流（图8-20）。

当我走下长途汽车刚刚踏上塞哥维亚的土地时，穿过旧城连绵的屋顶就看到了巍然高耸的塞哥维亚石头船的桅杆——塞哥维亚主教堂。巍峨、庄严、高耸入云的建筑震慑住我，使我朝向这座伊比利亚最后的哥特式教堂默默地仰望着，难以移步（图8-21）。

塞哥维亚大教堂始建于1525年，耗时近200多年才完工，是西班牙最晚落成的哥特式大教堂，也是西班牙晚期哥特式教堂的经典之作。西班牙历史上著名的伊莎贝拉女王就是在此登基的。它的塔楼高达88米，是西班牙最高的塔楼。大教堂的博物馆也是不容错过的，里面珍藏有许多宗教艺术的珍品。

图8-20　塞哥维亚最知名的餐厅

图8-21　塞哥维亚主教座堂

这座主教堂的建设可以追溯到十六世纪。1525年6月8日主教堂工程在建筑师翁塔尼翁的主持下奠基，但整个建设过程却历经200多年，直至1768年7月16日才正式全面启用。塞哥维亚主教堂的非凡之处很多来自于原来的老塞哥维亚主教堂。老教堂是一座叫做圣塔玛利亚的罗马式教堂，毁于1521年卡斯蒂利亚公社战争中的一场大火。通往回廊的罗马式大门和哥特式回廊在那场大火中保存了下来。查理五世在向教会建议重建新的教堂时，为了节约开支充分利用了原教堂的这些遗存（图8-22）。

图8-22　塞哥维亚主教座堂

塞哥维亚主教堂建设期处于哥特式晚期，虽然在空间概念和采光方式的审美观方面已经接近文艺复兴风格，但是作为最后建成的完美的哥特式建筑，它不愧为西班牙最后的哥特式教堂的称号（图 8-23）。教堂内不乏名家大作，但更重要的是站在这里真的能感受到围绕教区开展的淡淡的宗教生活。

主教堂半圆的拱顶和布满护墙的小尖塔，这座最后的哥特式教堂被誉为教堂中的贵妇（图 8-24）。

塞哥维亚主教座堂面向马约尔广场的圣弗鲁托斯门特别精致，它的上部是圣徒雕像（图 8-25）。旁边有标记了 1571 年的天主教纹章（图 8-26）。

塞哥维亚主教堂内部采用了庄重的三殿式风格。圣殿位于整个大殿的中央，建于 1758 年（图 8-27）。

图 8-23　塞哥维亚主教堂

图 8-24　小塔尖

图 8-25　圣徒雕像

图 8-26　天主教纹章

图 8-27 塞哥维亚主教堂内部

大殿中央圣殿的背面是唱诗班室，两排座椅是西班牙木雕艺术的瑰宝。这里有两架十八世纪的风琴和制作于十五世纪的116把精雕细琢的胡桃木座椅（图8-28）。

图8-28　唱诗班室

这116把座椅是主教堂内最主要的文物，分两排排列。上排座椅为文艺复兴式，下排为哥特式，两种风格浑然一体（图8-29）。

图8-29　座椅

圣殿的两侧是侧殿（图8-30）。侧殿旁边就是小礼拜堂了（图8-31）。这些小礼拜堂排满整个大殿的四周，一共有二十座

图8-30　侧殿

（图8-32）。一部分小礼拜堂沿着侧殿排开，围绕着大殿半圆形端头也是一个接着一个小礼拜堂。每个小礼拜堂都值得一看，可以说塞哥维亚主教座堂的很多艺术珍品和宗教遗迹都在这些小礼拜堂里。特别是要看看这些小礼拜堂的祭坛，有的金碧辉煌，有的精雕细琢，几乎每个祭坛都是一尊艺术品（图8-33～图8-35）。

图8-31　小礼拜堂

图8-32　小礼拜堂

图8-33　祭坛

图8-34　雕像

图8-35　祭坛

从 Cristo del Consuelo 小礼拜堂通往哥特式回廊的华丽的罗马式大门是老教堂的遗迹（图 8-36）。

哥特式回廊是胡安·古阿斯根据当时天主教君主的要求建造的（图 8-37）。

回廊的四周点缀着一些雕塑艺术品，而回廊本身就是一座不朽的艺术品，哥特式的拱顶，设计精美的柱格窗，以及穿过柱格窗可以看到的庭院，都能让人想象曾经在这里举行的宗教活动的圣洁和神秘（图 8-38～图 8-39）。回廊的中央有一座庭院（图 8-40）。

图 8-36　大门

图 8-37　哥特式回廊

图 8-38　雕塑

图 8-39　穿过柱格窗看庭院

钟楼的下面也是一座礼拜堂,叫圣克里斯汀礼拜堂,无论圣坛还是祭坛都相当精美,特别是祭坛周围的花纹装饰,极具东方韵味(图8-41和图8-42)。

图8-40 庭院

图8-41 圣克里斯汀礼拜堂

图8-42 圣克里斯汀礼拜堂的圣坛

圣克里斯汀礼拜堂具有东方装饰的祭坛（图 8-43）。

走进回廊旁的牧师会礼堂，可以看到具有文艺复兴风格的天花板和四周弗兰德风格的挂毯精美绝伦（图 8-44）。

欧洲教堂里彩绘玻璃窗色彩鲜艳、构图细致，讲述着一个又一个令人感动的宗教故事。我常常会远远地望着这些为教堂大殿带来柔和光线的美丽窗户久久不愿离去（图 8-45）。

虽然不知道这里讲述的是什么，但我相信他们演绎着天主提倡的教义（图 8-46）。

图 8-43　祭坛

图 8-44　牧师会礼堂

塞哥维亚，深受皇室青睐的古罗马重镇　　97

图 8-45　彩绘玻璃窗

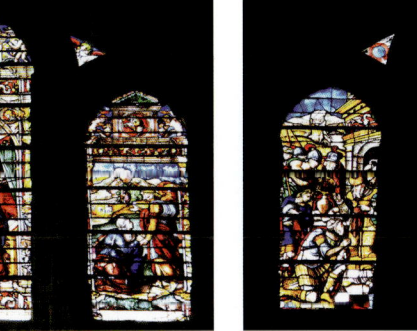

图 8-46　彩绘玻璃窗

走到维多利亚·埃乌赫尼亚王后花园的尽头那童话般的阿尔卡萨城堡时，登上高高的塔楼远望整个塞哥维亚老城的想法油然而生。当我登上石头船的船头——阿尔卡萨城堡塔楼的顶上回望塞哥维亚主教堂时，就可以想象在这座古老的城市里人们是如何以教堂为中心生活在虔诚的礼拜当中的（图 8-47）。

图 8-47　塞哥维亚主教堂

阿尔卡萨城堡的历史可以追溯到公元十一世纪，甚至还有人说早在凯特尔人居住在中央高原时就有这座城堡。不过，阿尔卡萨城堡的真正历史还是与卡斯蒂利亚王国紧紧地联系在一起。据说有证据表明当阿方索六世把塞哥维亚从阿拉伯人手中重新抢回来的时候已经有这座城堡了。中世纪晚期这里曾经是卡斯蒂利亚王室最喜欢的居住地，也是他们控制整个卡斯蒂利亚地区的战略要塞。由于那时战乱不断，城堡的建设强调防御功能。阿尔卡萨城堡位于埃雷斯马河和克拉莫雷斯河交汇处峻峭的山岩上，就像塞哥维亚石头船的船头一样刺向平坦的河谷地区。遗憾的是游客是从修有吊桥的城内进入，无法从河谷那一面看到阿尔卡萨城堡威武的一面。城堡成为现在的模样应该是十五、十六世纪由恩里克四世和菲利普二世先后改造的。城堡的塔楼上修筑了十二座墙角塔，还用能在阳光下反射出金属般光泽的蓝灰色岩板覆盖成陡峭的屋顶，使这座城堡变成了中欧风格。正是这种变化在几百年后才被迪斯尼公司选作为白雪公主城堡的原型。城堡的内部也在那段时间被重新装饰，从一个防御工事变成了真正的宫殿。这座城堡的建设经历了从罗马式到哥特式，再到文艺复兴风格的变化，还融合了浓重的穆德哈尔风格。遗憾的是原来的城堡毁于十八世纪的一场灾难性的大火，重建工作一直到十九世纪末才完成。为了保护好这座历史悠久的城堡，1953 年塞哥维亚成立了城堡信托基金会来进行管理维护，才使我们得以像现在那样尽情地游览参观（图 8-48）。

城堡对老年人有优惠门票，还为国际游客提供了极有帮助的英文导游说明书。我对城堡内部的了解几乎全部来自那张导游说明书。

图 8-48　阿尔卡萨城堡

约翰二世塔，从胡安二世开始建，直至恩里克四世时代完工，建成之后长时间作为监狱。塔上的窗户是穆德哈尔风格的，顶上的十二座小墙角塔是胡安·古阿斯建的。城堡的参观路线是城堡管理者安排的，按照他们的路线安排我只好最后再登上塔顶（图 8-49）。

城堡入口门框上面是天主教教皇纹章（图 8-50）。

按照指定的参观路线，第一个厅是旧堡厅。这是原先古老城堡的遗存。现在陈列的盔甲是十五世纪的。我参观时工作人员正好在擦洗战马身上的盔甲（图 8-51）。

旧堡厅墙上的竖窗是罗马式的，可以看到古代城堡的采光方式。窗户周围的装饰是十三世纪穆德哈尔式的几何图形（图 8-52）。

图 8-49　约翰二世塔

壁炉厅是菲利普二世力主安排的房间。墙上挂着菲利普二世和智者阿方索十世肖像。壁炉上方的挂毯是十六世纪的艺术品，室内的家具也是十六世纪遗留下来的（图8-53）。

图8-50　天主教教皇纹章

图8-51　旧堡厅

图8-52　窗户周围的装饰

图8-53　壁炉厅

从御座厅通向壁炉厅的门，采用典型的穆德哈尔风格石膏雕塑装修（图8-54）。

御座厅正面中央放着两张国王宝座，上面华盖上绣着基督教箴言《Tanto Monta》（图8-55）。

图8-54　通向壁炉厅的门

图8-55　御座厅的天顶装饰

阿尔卡萨城堡的一个重要看点是精致的彩绘玻璃窗。这里展示的是卡斯蒂利亚国王恩里克四世的形象。这些彩绘玻璃是塞哥维亚艺术家卡洛斯·莫农·德·帕洛斯的作品（图 8-56）。

绶带厅内模压的天花板像一个倒置的船体。这个大厅是凯瑟琳女王在1412年装修的，那时她的儿子胡安二世还是小孩（图 8-57）。

绶带厅名称的来源是因为整个大厅墙顶的带状装饰，这条精美的穆德哈尔式石膏雕刻的带状装饰中间是精雕细琢的图案，上下都有题词。上面是拉丁文的基督教祈祷词，下面则讲述了这座大厅的修筑过程（图 8-58）。

图 8-56　彩绘玻璃窗

大厅西墙上的巨型壁画描绘了塞哥维亚广场上宣布天主教女王伊莎贝拉就任卡斯蒂利亚女王的场景（图 8-59）。就是这位女王与阿拉贡的斐迪南国王联姻使卡斯蒂利亚和阿拉贡合并形成了现代意义上的西班牙。

图 8-57　绶带厅

图 8-58　带状装饰

图 8-59　巨型壁画

绶带厅里有两块竖框彩绘玻璃窗，一块是恩里克二世的全身像（图 8-60）。另一块描绘的是恩里克三世家族和他们的徽记。阿尔卡萨城堡里的彩绘玻璃窗规模都较大，每个窗户宽超过两米高度能近三米（图 8-61）。

松塔厅，因穆德哈尔式天花板上的装饰像一个个松塔而得名。上面的墙顶带饰也是穆德哈尔式的，下面有一排题词（图 8-62）。

松塔厅里的这个写字台是十七世纪的，墙上挂的壁毯是弗兰德风格的（图 8-63）。

松塔厅里的彩绘玻璃窗描绘了阿方索八世和他的女儿（图 8-64）。

国王卧室是整座城堡里保持哥特式风格最浓郁的房间，四周全部用描绘宫廷生活的挂毯装饰。这张哥特式的胡桃木床是阿尔卡萨城堡里最重要的家具，上面装饰织金锦冠帐幔（图 8-65）。

图 8-60　恩里克二世的全身像

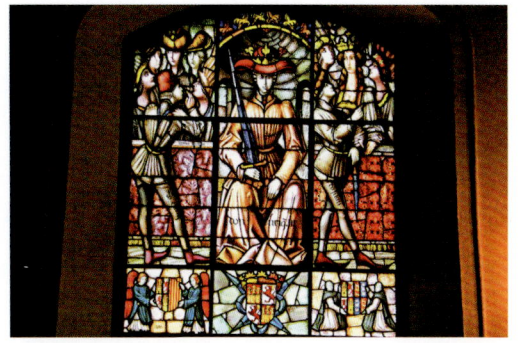

图 8-61　彩绘玻璃窗

图 8-62　松塔厅

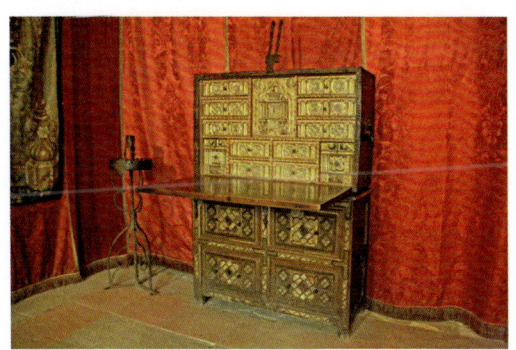

图 8-63　写字台

图 8-64　彩绘玻璃窗

图 8-65　国王卧室

这座城堡里最大的厅也是最重要的厅叫君主厅。根据菲利普二世的要求，君主厅的墙顶带饰用历代君主的全身像来装饰，雕刻极其细腻，工艺极其精湛。这条墙顶带饰上排列了这一地区从奥地利王朝、卡斯蒂利亚王国和莱昂王国的所有君主的雕像（图8-66）。

在这里可以看清墙顶带饰的细节（图8-67）。

图8-66　君主厅

图8-67　墙顶带饰的细节

君主厅的正面是四个巨大的落地窗（图8-68），从这里可以看到开阔的埃雷斯马河谷地带风光（图8-69）。

图8-68　落地窗

图 8-69 埃雷斯马河谷地

从君主听前往教堂必须穿过线厅，这个厅的名字来源于大主教方济会显示其济贫修行交易的方济会绳索。智者阿方索十世也想由此来表示自己也是一个苦行僧。线厅的整个一面墙则用一幅描绘战争场面的挂毯装饰（图 8-70）。

图 8-70 挂毯

阿尔卡萨城堡里穆德哈尔沉箱式天花板的教堂，菲利普二世在这里迎娶了它的第四任妻子安娜（图8-71）。

参观完城堡里作为历代国王行宫的各个厅房，就来到了庭院旁的军械博物馆（图8-72）。

图8-71　教堂

图8-72　军械博物馆

中间平台还有防卫用的枪炮（图8-73）。塔楼顶上平台四周就是后来加上去的十二座墙角塔（图8-74）。

图8-73　防卫用的枪炮

图8-74　十二座墙角塔

向城堡的前面看，这情景真让我完全忘却了千百年来一直困惑伊比利亚多民族战乱的历史，脑子里浮现出来的只有白雪公主和那七个可爱的小矮人（图8-75）。

图 8-75　向城堡前面看

朝向城里看，巍然耸立的主教堂和周围从中世纪开始逐渐建起来的古建筑使塞哥维亚古城真的就像行驶在历史洪流中的石头船（图 8-76）。

图 8-76　主教堂和古建筑

这就是隐蔽在维多利亚·埃乌赫尼亚王后花园的树丛后面，屹立在埃雷斯马河和克拉莫雷斯河交汇处峻峭的山岩上的阿尔卡萨城堡。它的内部是一部卡斯蒂利亚和西班牙收复失地运动的完整历史，它的外形却让我沉醉在美丽的可以忘却一切的童话世界里（图8-77）。

图8-77　阿尔卡萨城堡

9 瓦伦西亚，先锋和古老混搭的阳光之城

其实原先去瓦伦西亚的愿望之一，是要到那里吃一次海鲜饭。瓦伦西亚是西班牙海鲜饭的原产地，我对此美食还情有独钟。不论在什么地方，包括在中国，只要走进西班牙餐馆脑子里涌现出来的就是海鲜饭。要认真分析原因也不奇怪，我吃中餐就喜欢吃煲仔饭、菜饭。就是吃清蒸鱼、红烧排骨都会拿剩下的汤拌饭。那样说西班牙海鲜饭是不是绝色美味呀。但当我带着这些想象走进瓦伦西亚时，整个城市的建筑风格真的让我为之一惊。这座城市随处显露的传统欧洲风格、西班牙特有的摩尔和阿拉伯风格、甚至未来风格的建筑风貌，真的让我完全忘掉了来瓦伦西亚之前那种没头没脑的想法。

在我的心目中西班牙到处都是世界文化遗产，到处都是历史名城。马德里、巴塞罗那、塞维利亚、格拉纳达、科尔多瓦都是世界级旅游胜地。没想到瓦伦西亚这座濒临地中海的阳光之城也是如此美丽，充满活力，还到处散发着古老历史的魅力。

到瓦伦西亚已经很晚了，真正看到这座城市时已经是第二天的清晨了。第一站去的就是艺术科学城，湛蓝的天空下一片充满未来色彩的建筑仿佛不是身处古老的欧洲。

坐落在古图里亚河床上的瓦伦西亚艺术科学城建成于 2004 年，无论从哪个角度看都绝对是一片超凡脱俗的现代建筑群（图 9-1）。巨大的建筑和周围的人工水面交相辉映，给人一种不可抗拒的视觉诱惑。我问导游，这算是什么建筑风格啊？他随意地告诉我，算未来主义吧，因为它仿佛来自太空。这里看到的两座建筑，近处的半球体建筑是天文馆，里面有一座巨型 IMAX 电影院。远处好像武士头盔的建筑是瓦伦西亚索菲亚歌剧院。据说其规模仅次于已列入世界文化遗产的悉尼歌剧院。

图 9-1　艺术科学城

这座鱼骨状的建筑是菲利普王子科学博物馆（图9-2）。在瓦伦西亚只有半天，如果有时间参观一下科学博物馆一定收获不菲。

这座仿佛空中花园似的建筑竟然真的是空中花园（图9-3）。

高处的花园，一派地中海风光（图9-4）。

天气太好了，湛蓝的天空下看到的是金色堤坝大桥斜拉索和半球形水族馆的剪影（图9-5）。这座水族馆也是欧洲最大的。这一片现代建筑是瓦伦西亚出生的建筑师圣地亚哥·卡拉特拉瓦设计的。

图9-2　菲利普王子科学博物馆

图9-3　空中花园

图9-4　花园

图9-5　堤坝大桥斜拉索和水族馆

告别未来再回到古老，老城区中心的圆形广场（图9-6）。

女王广场旁边就是瓦伦西亚大教堂（图9-7）。这座在阿拉伯人的清真寺基础上不断改建的教堂简直就是瓦伦西亚历史的缩影，承载了从古罗马、阿拉伯人统治时期直到西班牙人重新占领以后不同历史阶段的建筑风格。左侧的米格雷特钟楼建于十三世纪。

靠近女王广场的主大门是巴洛克风格的（图9-8）。走进去就可以看到同样是巴洛克风格的教堂内廷和主祭坛（图9-9和图9-10）。

瓦伦西亚，先锋和古老混搭的阳光之城　109

图 9-6　圆形广场

图 9-7　瓦伦西亚大教堂

图 9-8　巴洛克风格的主大门

图 9-9　教堂内廷

　　主大门西侧的使徒门则是典型哥特式的（图 9-11）。再往西走，能看到圣母广场上的帕劳门，是罗马风格的。后来整理照片时才发现我竟然没有拍下帕劳门的照片，遗憾。

图 9-10　主祭坛

图 9-11　使徒门

圣母广场是老城主要交通干线的交汇点，也是所有老城旅游线路的出发点。圣母广场上最著名的就是这座图里亚喷泉。之所以叫图里亚喷泉，是因为中间的男神代表图里亚河，周围八位铜像代表图里亚河的八条灌溉渠道（图9-12）。

图9-12　圣母广场及铜像

圣母广场东侧是罗马风格的圣母教堂（图9-13）。

图9-13　圣母教堂

我特别喜欢西班牙街道和广场的路牌，非常具有艺术感。马德里是这样，瓦伦西亚也是这样。这是在圣母广场看到的路牌（图9-14）。

沿着一条小巷穿过去就是中央市场（图9-15）。

图9-14　路牌　　　　　　　　　　图9-15　中央市场正大门

这个市场的规模相当大，从经营内容看相当于我们概念中的农贸市场，其建筑风格却显得富丽堂皇（图9-16）。

图9-16　市场内的建筑风格

中央市场也是游客休闲的好地方。在中央市场附近有一个丝绸市场,建于十五世纪,还是世界文化遗产呢。不知道怎么回事,阴差阳错,只去了中央市场,却忘了去世界文化遗产丝绸市场。

在瓦伦西亚的最后一站是建于十四世纪的古城墙塞拉诺门。这里曾经是古代通往北方巴塞罗那的主要通道(图 9-17)。

图 9-17　古城墙塞拉诺门

一路上沉浸在瓦伦西亚先锋和古老混搭的城市风光中,暂时忘了海鲜饭。游览结束,该吃午饭了。当然在瓦伦西亚——西班牙海鲜饭的原产地还是要体验一下当地海鲜饭的风味。

CASA GIJON 餐厅,一个古老的家族经营了好几百年的祖传西班牙餐馆,主营海鲜饭(图 9-18)。

图 9-18　CASA GIJON 餐厅

餐厅装饰得像酒窖一样（图9-19）。

图9-19　餐厅内部装饰

图9-20　西班牙海鲜饭

最后大厨亲自呈上亲手烹制的西班牙海鲜饭（图9-20）。特色是调料中包括咖喱和藏红花。有藏红花，这可是我没有想到的。

我饱饱地吃了一顿正宗的特色海鲜饭，结束了从来没有想到会如此行程丰富、感受独特的瓦伦西亚之旅。瓦伦西亚，真是一座承载了西班牙多民族文化交替融合之城，真是一座充满未来风格的活力之城，真是一座先锋和古老在这里混搭的阳光之城。

10 阿兰布拉宫，摩尔人留给西班牙的文明奇迹

西班牙真是一个值得去了再去的地方。文化的多样性以及巨大的民族文化差异和优势的互补交汇融合使伊比利亚半岛具有其特有的历史文化魅力。伊斯兰和基督教义化艺术风格在这块土地上结合在一起，绽放出璀璨的艺术之花。格林纳达的阿兰布拉宫就是其中最突出的例子。公元八世纪阿拉伯人和柏柏尔人通过直布罗陀海峡侵入伊比利亚半岛并占领了几乎整个半岛。此后的几个世纪是摩尔人统治伊比利亚半岛的极盛时期，也是当地伊斯兰艺术发展的黄金时期。从十世纪到十四世纪，不甘心被阿拉伯人占领的西班牙人开始了长达400多年的基督教和穆斯林的战争。格拉纳达是阿拉伯人在被赶出伊比利亚半岛前最后一个王国，他们修建的阿兰布拉宫为阿拉伯人在伊比利亚半岛不长的历史上留下了一座丰碑。

阿兰布拉宫是格拉纳达奈斯尔王朝第一位国王穆罕默德·伊本·艾哈迈尔于1238年开始兴建的。起先这里只作为王族的住处。到1333年，奈斯尔王朝的第七位国王优素福一世把这里改成了王宫。1492年基督教全面收复伊比利亚半岛后，王宫归天主教君主使用。1527年，神圣罗马帝国皇帝查理五世在阿兰布拉宫里的纳斯里德城堡里修建了查理五世宫。不知什么原因，这么灿烂辉煌的宫殿花园竟逐渐无人问津、常年失修而变得一片荒芜。直到十九世纪才获得欧洲学者和旅游者的重新关注，使人们意识到这座宫殿是世界基督教地区绝无仅有，甚至超越任何阿拉伯地区的穆斯林建筑艺术瑰宝。

阿兰布拉宫的地理位置也相当精彩，几乎占据了整个格拉纳达东部的小山。从前一天晚上到达格拉纳达住的宾馆窗口就能看到那一片承载着几百年摩尔人辗转伊比利亚半岛留下艺术精华的建筑群。现在看到的阿兰布拉宫是一座宫殿，也是一座要塞，更是一座城堡。整座阿兰布拉宫主要可以分成阿尔卡萨瓦城堡、纳斯瑞德宫、帕塔尔花园、查理五世宫和赫内拉里菲宫花园几大部分。游客中心提供了详细的游览路线指南，这么大一个宫殿花园不按路线图游览怕是会落掉不少精彩景点的。

特别要提醒一下，门票一定要提前准备好。据说每天只允许6000名游客进入，还分上午场、下午场、夜场。不提前准备好到时候连黄牛票也买不到就惨了。

我可以算是一大早就来了。大概是大家都想有尽量多的游览时间，我到时已经人山人海了。

先去纳斯瑞德宫，是从马楚卡庭院北侧的这条柱廊进去的（图10-1）。

走进来看到的第一个宫殿叫梅斯亚尔厅，也可叫做联合厅。这是整个纳斯瑞德宫里最古老的部分，最早是用于奈斯尔王朝国王听政和作出判决的地方。卡洛斯五世对梅斯亚尔厅做了很多改造和修缮，现在看到的和原貌相比可能有很多变化。梅斯亚尔厅有两层，据说在基督教收复伊比利亚之后，上面那层是唱诗班用的。不过护栏和装饰花纹都是穆斯林风格的（图10-2）。

图 10-1　柱廊

图 10-2　梅斯亚尔厅

从这些柱子上的装饰花纹可以看出装饰艺术已经达到登峰造极的程度（图 10-3）。

从墙面上的欧洲式王冠浮雕可以感受到穆斯林败退伊比利亚半岛之后天主教君主对阿兰布拉宫的改造（图 10-4）。

这个墙面装饰是查理五世时期的，欧洲的王权标记和伊斯兰风格的对称花纹融为一体（图 10-5）。

图 10-3　装饰

图 10-4　王冠浮雕

图 10-5　墙面装饰

透过梅斯亚尔厅后面小礼拜堂的阿拉伯风格窗户可以看到古老的阿尔拜辛（图 10-6）。

图 10-6　阿尔拜辛

走过小礼拜堂就是国王的黄金屋。黄金屋是奈斯尔王朝穆罕默德五世国王下令建造的。如果要作出区分，纳斯瑞德宫由梅斯亚尔厅、科玛瑞斯宫、狮子宫三部分组成，黄金屋是科玛瑞斯宫的开始。这是黄金屋的正面，外侧是大理石三开马蹄形拱柱，内侧是三个拱门（图 10-7）。

图 10-7　黄金屋正门

黄金屋前面有一个庭院，叫做黄金中庭，中间有一个莲花状的喷泉（图10-8）。走过的时候人来人往好不热闹，竟然还有一只麻雀在那里饮水。

图10-8　莲花喷泉

黄金中庭的另一侧称为科玛瑞斯宫立面（图10-9）。仔细看看墙面雕刻都是相当精细，花纹精致至极。

图10-9　科玛瑞斯宫立面

香桃木庭院是科玛瑞斯宫最精彩的部分，是奈斯尔王朝优素福一世策划建造的。他希望他的宫殿能使任何来访者都为之惊叹。但是真正完成科玛瑞斯宫的是他的儿子穆罕默德五世。他要求建造的是一种极具特色的西班牙穆斯林建筑结构。中间是一个庭院，四周是生活空间。香桃木庭院体现了阿兰布拉宫充分利用光线和水面构成完美的美学空间的设计方式，使整个庭院不论从哪个角度看都美轮美奂。庭院的水池长34米，宽7.1米，柱廊在水池的倒影给人一种宁静而又略带动感的体验（图10-10）。

图10-10　庭院的水池

庭院水池的水源来自于两侧的喷泉。两侧端部都是七个半圆形拱门构成的柱廊，中间拱门略大于其他六个。拱门的柱子上部为方形，下面呈圆柱，拱门上均以镂空装饰。图10-11中的左图是背面为科玛瑞斯塔，右图为科玛瑞斯王宫，但宫殿内部不少装饰已被破坏，被查理五世挪用来修建卡洛斯五世宫。

图 10-11　科玛瑞斯塔和科玛瑞斯王宫

科玛瑞斯宫里最大的房间是这间大使厅，用于国王进行公务接待（图10-12）。这间边长11.3米的正方形大厅高达18.2米，作为公务接待绝对有气派。墙面上部装饰花纹和古兰经铭文以及墙面下部的彩色瓷砖都是原先的样子，地面则经过多次重修，原来的大理石地砖大部分已改成釉面砖了。

图 10-12　大使厅

科玛瑞斯宫里最精彩的部分，称为狮子宫（图10-13）。这也是穆罕默德五世在继承父业后在阿兰布拉宫建设中最辉煌的成就。他要建一座让世人叹为观止的宫殿。狮子宫的结构中间是一个喷泉，四周是王族使用的宫殿。

图 10-13　狮子宫

狮子宫中庭有环绕四周的柱廊和两个柱厅,这些柱子一共有 124 根,中间长 28 米、宽 16 米的中庭显得华美无比(图 10-14)。

图 10-14　柱廊和两个柱厅

中间是十二头狮子驮起的水池，水通过狮子的嘴吐出流到狮子宫中庭当中十字交叉的四条水渠，是阿兰布拉宫内水系的一部分（图 10-15）。它们都有一个很好听的名字，分别叫水河、乳河、酒河、蜜河。

水就是这样源源不断地从狮子嘴里流出来。他们背驮的水池里的水从哪里来？因为水池中间有一石柱，那一定是由水塔向这里供水（图 10-16）。

图 10-15　水池　　　　　　　　　　　　　图 10-16　狮子

站在狮子宫的柱厅里面往外看上方下圆的柱子，墙面上精雕细琢的阿拉伯风格花纹，加上中庭的光照穿过柱厅逐渐深入的明暗变化构成了一幅美得难以言表的景观。狮子宫的设计者真的是绝妙利用光影的建筑学家（图 10-17）。

图 10-17　狮子宫的设计

站在中庭往里看，阿拉伯的纹饰和风格各异的拱形门洞层层叠叠，让人感到如入梦境（图 10-18）。

狮子宫四周都是一些装饰得富丽堂皇的宫殿。太多了，太精美了，真是看不胜看、拍不胜拍。

狮子宫有一个非常辉煌的房间叫诸王厅，这里曾经是举办宴会的地方（图 10-19）。除了精美的墙饰之外诸王厅最主要的是在皮革上绘制的奈斯尔王朝前十位君主的画像，遗憾的是这些画现在都放在其中一个房间里，而这个房间不开放。据说这些摩尔人国王的画像是由基督徒画的。

通过狮子宫周围的某个厅可以来到达拉塞观景台。从这里可以看到外面的琳达拉贾庭院。不用看外面的庭院，这精美绝伦的窗户就能让人心醉（图 10-20）。

图 10-18　拱形门洞

图 10-19　诸王厅

图 10-20　达拉塞观景台

这就是琳达拉贾庭院（图 10-21）。卡洛斯五世在纳斯瑞德宫里的套房也在旁边。

从达拉塞观景台通往王后梳妆间是一座开阔的廊桥，从桥上可以远眺阿尔拜辛老城（图 10-22）。

图 10-21　琳达拉贾庭院

图 10-22　阿尔拜辛老城

桥的那边高塔上面的是王后梳妆间（图 10-23）。看着美景，把自己打扮得更加美貌。离开这里就结束了对纳斯瑞德宫的参观。

图 10-23　王后梳妆间

在纳斯瑞德宫和赫内拉里菲宫花园之间有一个如画的花园,叫帕塔尔花园。一边的建筑和前面的水池显示了阿兰布拉建筑结构特点(图 10-24)。

图 10-24 帕塔尔花园

西班牙文艺复兴风格的查理五世宫是一座高 17 米、宽 63 米的方形建筑(图 10-25)。可以认为它是西班牙最重要的文艺复兴时期建筑之一。这项工程开始于 1527 年。

图 10-25 查理五世宫

查理五世宫的大门（图 10-26）。

图 10-26　查理五世宫的大门

查理五世宫的最大特色是它的中庭是圆形的（图 10-27）。一圈的爱奥尼亚式柱子蔚为壮观。

图 10-27　查理五世宫的中庭

查理五世宫的部分细节，充分体现出文艺复兴时期的风格（图10-28）。

图10-28　查理五世宫的部分细节

从查理五世宫前往赫内拉里菲宫花园途中看见一家HOTEL AMERICA（美国旅馆），这也是阿兰布拉宫里唯一的旅馆。这里曾经是美国作家华盛顿·欧文在阿兰布拉的住所。他在阿兰布拉住了十几年并写下了不朽的小说《阿兰布拉的故事》，也是因为他向格拉纳达总督写信推荐才使西班牙人把目光重新关注到阿兰布拉宫并进行恢复性修缮，使阿兰布拉宫成为展示西班牙穆斯林辉煌文化的艺术宝库。现在这座曾经住过华盛顿·欧文的房子成了美国旅馆（图10-29）。

图10-29　美国旅馆

途中还能看到圣弗兰采斯哥修道院，这是在原先阿拉伯宫殿的基础上改建的（图10-30）。

这里也能看到圣玛利亚教堂（图10-31）和一些原来阿拉伯宫殿的废墟（图10-32）。

图10-30　圣弗兰采斯哥修道院

图 10-31　圣玛利亚教堂

图 10-32　阿拉伯宫殿的废墟

这就到了赫内拉里菲宫花园（图10-33）。赫内拉里菲宫花园分成下花园、上花园和赫内拉里菲宫三部分，中间由水系联系起来。下花园是长条形的。这座宫殿和花园是供阿兰布拉宫的统治者休闲的场所，据说它甚至是在纳斯瑞德宫之前就修建了。

下花园中间是水渠和喷泉（图10-34）。

图 10-33　赫内拉里菲宫花园　　　　　　图 10-34　水渠和喷泉

赫内拉里菲宫由两个庭院组成，并排修建。这里看到的是水渠庭院（图10-35）。

图 10-35　水渠庭院

在水渠庭院中，长 48.7 米的水渠两侧排成行的喷水柱像晶莹剔透的水晶串成的帘子，使它和水渠尽头阿拉伯风格的柱廊构成了一幅美轮美奂的人间天堂景象（图10-36）。

图 10-36 喷水柱

与水渠庭院隔开一排房子并排而建的是柏树庭院（图 10-37）。

从狮子阶梯可以看到上花园和赫内拉里菲宫观景柱廊，那里也可以看到流经格拉纳达的达罗河谷（图 10-38）。

结束了半月几乎忘情的游览后，沿着柏树成排的鹅卵石小道恋恋不舍地离开阿兰布拉宫。

从七百年前奈斯尔王朝第一个国王穆罕默德一世开始，到第七个国王优素福一世和他的儿子、两次登基的穆罕默德五世国王，摩尔人创造了伊比利亚半岛上最后一个穆斯林王国格拉纳达的百年盛世，在为最后转战在那里的摩尔人树立了一个传世的纪念碑的同时，也为人类奉献了一座传承阿拉伯文化艺术的文明奇迹。即使是现在只能匆匆游览的游客，依然感受到穆斯林艺术与西班牙文化融合而发出的耀眼光辉，感受到多民族文化交融能带来的艺术享受。阿兰布拉宫，真的是摩尔人留给西班牙这块土地最耀眼的文明奇迹。

图 10-37 柏树庭院

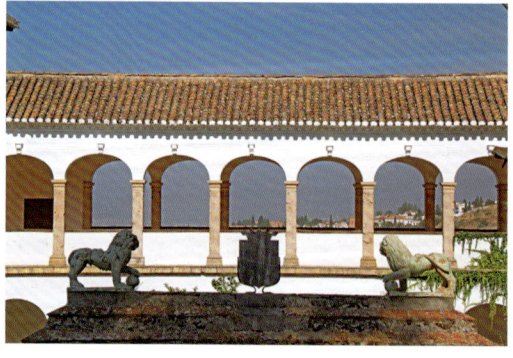

图 10-38 菲宫观景柱廊

11 马拉加，毕加索故乡的优悠风光

　　安达卢西亚有西班牙摩尔文化金三角格拉纳达、塞维利亚、科尔多瓦，也有其他相当丰富的旅游资源，这里是伊比利亚半岛上摩尔人统治时间最长的地区。趁从格拉纳达到塞维利亚车程较远的机会，中途游览了南西班牙的几个令人振奋的景点。从格拉纳达出来先去了地中海海滨旅游胜地马拉加。

　　马拉加也是一座古城。它的这个名字就是公元前一千年左右由迦太基人取的。现在它仍然是西班牙重要的旅游胜地，还是西班牙第二大港口。到了马拉加才发现它还有一个特别重要的地方，那就是马拉加是毕加索的故乡。毕加索在他生命的前十年就是在这座海滨城市度过的。现在这里不但有毕加索出生地博物馆，还有一座马拉加毕加索博物馆。

　　我在马拉加的时间不长，除了参观和毕加索有关的博物馆之外就是在老城里闲逛。这座地中海滨海城市的闲散、优雅以及古老文化，甚至路人服饰之豪华和街头艺术品位之高雅都给人极深的印象。

　　马拉加海滨美景，满目的棕榈树和蓝天白云（图11-1）。马拉加地处西班牙南部，与非洲摩洛哥隔地中海相望。

图11-1　马拉加海滨美景

马拉加市中心梅塞德广场旁边的一座五层楼的房子就是毕加索的出生地,毕加索1881年10月25日出生在此处(图11-2)。这里可以参观,门票3欧元,但是不能拍照。里面主要陈列的是有关毕加索家族在马拉加的生活情况。这里可以看到毕加索3岁和7岁时的照片。

梅塞德广场上离毕加索出生地不远的地方有一尊毕加索青铜坐像,吸引了大量游客合影(图11-3)。

马拉加的毕加索博物馆在老城区的圣奥古斯汀街上,离梅塞德广场不远,从毕加索出生地步行过来也要不了几分钟。

毕加索博物馆几乎是到马拉加旅游的游客必到的景点(图11-4),展品都是毕加索的亲属捐赠的,主要是毕加索的儿媳和孙子捐赠的204幅私人藏品。遗憾的是里面也不能拍照,甚至不能带包。不过藏品还是相当珍贵的,如92岁时画的《持剑的火枪手》以及《裸体研究》和《男人、女人和孩子》。

图11-2　毕加索的出生地

图11-3　毕加索青铜坐像

毕加索博物馆所在地和毕加索没有什么直接关系，是建在一座古堡里的（图11-5）。毕加索一直都希望在他的家乡有一座关于他的作品的博物馆。

最精彩的是毕加索博物馆的语音讲解器提供中文讲解，这使我们能参观得相当仔细。由于不能拍照，想要几张毕加索的作品作为纪念，完全可以到街上纪念品商店里去买。马拉加的明信片也有大量的毕加索名作。

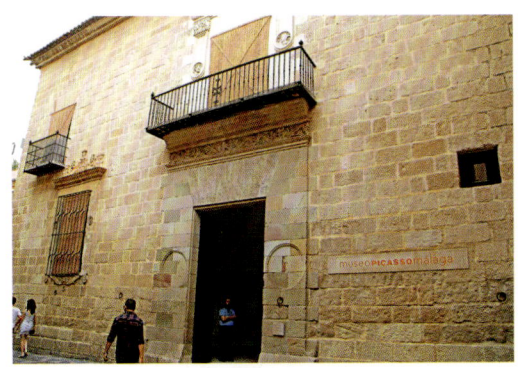 

图11-4　毕加索博物馆的大门　　　　　　　图11-5　毕加索博物馆的内部

沿着毕加索博物馆门口的小街继续往前走就可以看到相当有规模的马拉加大教堂（图11-6）。和西班牙的不少教堂一样，这座大教堂也是在摩尔人统治时期的清真寺基础上改建的，不过在这里几乎看不到原来清真寺的痕迹。也像欧洲很多教堂一样，马拉加大教堂从1528年开建一直建到1782年才竣工。就是这样，原设计的两个钟塔只完成了一座。由于前后一共建了254年，这座教堂的建筑风格因此也包容了哥特式、巴洛克式、新古典主义和文艺复兴时期的风格。

图11-6　马拉加大教堂

马拉加大教堂的这座已经建成的钟塔高达84米,在安达卢西亚仅次于塞维利亚大教堂排名第二(图11-7)。

图11-7 马拉加大教堂的钟塔

主教广场上的正门由三座拱门组成（图 11-8），都是用不同颜色的大理石做成的。拱形门楣上都有相当精致的雕塑，描述的都是圣经场景。我去的时候正门不开放。

图 11-8　正门

这是马拉加大教堂圣玛利亚街上的边门，从这里可以进去参观（图 11-9）。

我去时里面正在进行一场小型活动，所以不能随意参观拍照。我在里面稍坐，既感受氛围，又略作休息。

马拉加大教堂前面的主教广场清静而典雅，很多游客在这里闲坐（图 11-10）。

图 11-9　边门　　　　图 11-10　主教广场

这是帕拉西奥圣公会，建于 1762 年，现在看到的巴洛克式立面是这座宫殿的精华（图 11-11）。它作为一个艺术空间，对外开放参观。

图 11-11　帕拉西奥圣公会

马拉加市中心最主要的宪法广场（图 11-12）。

图 11-12　宪法广场

再往前走就到了殉教者教堂。该教堂建于 1487 年，也就是马拉加被西班牙人收复的那一年。这座教堂就是为纪念这个城市的烈士而修建的（图 11-13）。

殉教者教堂门前墙上画着彩瓷宗教画（图 11-14）。

图 11-14　彩瓷宗教画

即使在小街上，融合了伊斯兰风格的西班牙建筑也随处可见（图 11-15）。

图 11-13　殉教者教堂

图 11-15　西班牙建筑

晚上我们下榻马拉加地中海海滨度假区。次日清晨，我很早起来欣赏到了地中海壮美的日出（图 11-16）。晨钓人一早就开始忙碌了（图 11-17）。

图 11-16　地中海日出

图 11-17　晨钓人

12 米哈斯，太阳海岸的白色"驴"游小镇

离开马拉加沿着南西班牙地中海边上的高速公路疾驶时，远远望去，山坡上突然出现一片白色的房子，几乎让我惊呼起来，好一个白色诱惑。导游用低沉的声音说："现在正要去的就是那个地方，它叫米哈斯。"

米哈斯是安达卢西亚沿地中海的太阳海岸重要的旅游城市。虽然远古时代这一带就有人类居住，但米哈斯这个小镇的名字是在阿拉伯人统治伊比利亚半岛之后才有的。公元七八世纪，阿拉伯人通过直布罗陀海峡从北非扩展到伊比利亚半岛，地处现在叫做太阳海岸的地区显然就是摩尔人的影响最早到达的地方。这种白色小镇就是那时留下来的。安达卢西亚最南面从马拉加到直布罗陀漫长的海岸线受地中海气候影响，阳光灿烂、天气温暖，整年风和日丽，因而被称为太阳海岸。上个世纪的五十年代这个地区以它的气候特征来开发旅游产业，使太阳海岸成为了安达卢西亚经济发展的重要驱动力。像米哈斯这样的小镇美景可能就是在那个时代才最终形成的。

有一个特色可能是其他地方不能比的，那就是米哈斯的驴。米哈斯是一座建在山坡上的小镇，地无三尺平。从上个世纪六十年代开始有些打工族就骑着驴子上班。没想到游客拉着他们合影留念给的小费加起来竟然比上班得到的工资都高。于是，一个新兴行业应运而生——出租驴车。现在这已经成为米哈斯重要的旅游资源，吸引了世界各地的游客。即使在米哈斯小镇旅游信息中心门口不大的广场上都矗立着一座驴的铜像，还允许游客随意骑上去合影留念。这几乎成为了游客到米哈斯第一件也是最重要的事情。

米哈斯旅游信息中心墙面上的标记（图12-1）。Mijas，j在西班牙文里念"h"。不要骑上驴照完相就走，一定要进旅游信息中心去要张地图，还要是有中文说明的那种。

在米哈斯有出租驴车（图12-2），也有单独的驴出租，有兴趣可租头驴骑着游米哈斯哦。

图12-1 米哈斯旅游信息中心墙面

绕米哈斯一圈，乘坐驴车 15 欧元，骑驴 10 欧元，照相还要 2 欧元呢（图 12-3）。看交通标志，对出租驴车还有特殊优待哦。这是除出租驴车外禁停标志（图 12-4）。

图 12-3　收费标准

图 12-2　驴车

图 12-4　交通标志

人们乘坐着出租驴车出发了（图 12-5）。

图 12-5　出发

沿着小街行驶，道路两侧的建筑一片白色，远处的那栋房子还是典型的阿拉伯西班牙风格的（图12-6）。米哈斯是一座建筑在山坡上的白色小镇（图12-7）。登高远望，红色的屋顶、精巧的露台点缀着整个小镇，即使那些屋顶上的烟囱也很有特色（图12-8）。有的房子运用蓝色的花盆和各种花卉装扮起来使一片白色中泛出星星点点的色彩（图12-9）。

图 12-6　房子

图 12-7　白色小镇

图 12-8 特色烟囱

图 12-9 装扮起来的房子

旅游信息中心提供的中文介绍地图特别适合自助游时按图索骥。介绍一下景点吧，这是 1987 年建的市政厅，周一到周五开放参观（图 12-10）。

图 12-10 市政厅

瞭望台，米哈斯南北两侧各有一个瞭望台，南侧朝向地中海，北侧朝向马拉加地区山景。这是朝向地中海一侧的瞭望台（图12-11）。天气好、能见度高的时候，据说能看到地中海、直布罗陀，甚至一直可以远望到北非的摩洛哥。遗憾的是那天天气好像不够通透。

图 12-11　瞭望台

山坡小镇，从哪个角度看都是美景（图12-12）。

图 12-12　远望小镇

圣女雕像，米哈斯的保护神。后面是石头建的圣女教堂（图 12-13）。教堂内庭小巧精致（图 12-14）。据说这个教堂是 1586 年前建的，具体什么时间已无法考证了，只知道是被一个牧羊人发现的。

图 12-13　圣女雕像及圣女教堂

宪法广场，位于米哈斯的中心，但四周却满是商店（图 12-15）。

图 12-14　小巧精致的圣女教堂

图 12-15　宪法广场

1900年由当地居民自建的斗牛场，可见西班牙人对斗牛的喜爱（图12-16）。

图12-16　自建斗的牛场

教区教堂，米哈斯最大也是最主要的教堂（图12-17）。和西班牙收复失地运动之后大部分地区一样，这座教堂也是在原来的清真寺基础上改建的，具有摩尔和文艺复兴时期的风格。教区教堂旁边有一座市政礼堂（图12-18）。建筑风格略显现代。教区教堂和市政礼堂之间的区域是游客休闲区，有一个非常漂亮的喷泉（图12-19）。

图12-17　教区教堂

图 12-18　市政礼堂

图 12-19　喷泉

站在北侧观景台上可以看到远处山坡上的 CALVARIO 教堂。这座教堂建于 1710 年（图 12-20）。

图 12-20　CALVARIO 教堂

这个独具特色，有点像车厢的地方是马克思大马车小工艺品博物馆（图 12-21）。出自于一位世界著名催眠专家的奇思妙想，他把自己收藏的工艺品放在马车上巡回展出，后来定居米哈斯。

图 12-21　博物馆

　　游览过程中我发现除了出租驴车还有出租马车（图 12-22）。坐上这高头大马拉的马车是不是更舒服？我想还是坐着慢悠悠的驴车更好，更能体验米哈斯的特点。

图 12-22　出租马车

13 龙达，西班牙斗牛的梦想之城

知道西班牙有斗牛的人很多，知道斗牛的发源地是一个叫龙达小镇的人就很少了，我就是其中一个。其实，我对像斗牛这种几乎只有西班牙才有的独特风土人情极感兴趣，第一次到马德里时还专门买票去看了一场斗牛，还专门写了一篇博文《看斗牛，感受文明社会中的野蛮心态》。其实也不奇怪，毕竟只有在西班牙才有这种机会。而且，加泰罗尼亚已经立法禁止了斗牛，虽然这一禁止令已被保守的西班牙宪法法院推翻，但整个西班牙就禁止这项活动的争议已经越来越激烈。想要体验那种文明社会的野蛮心态还是要抓紧时间。

车离开太阳海岸逐渐驶入西班牙南部高原，我一路上都盼着能去感受一下斗牛发源地的文化氛围。斗牛真的是一种奇特的活动。一方面人类社会都在呼吁取消死刑，欧洲多数国家已经取消了死刑。另一方面动物保护主义者相当活跃，野生的、濒危的、成了宠物的，都受到保护。在这样文明的欧洲怎么会孕育出而且还现存着如此野蛮的一项活动呢？龙达怎么样的环境和文化竟会诞生出这种活动呢？

从地理环境来看，龙达是一个非常雄伟的城市。不大的地方几乎四周都是悬崖，中间还被一条深达一百二十米的峡谷割裂。建在这么峻峭的地势上的龙达差不多是伊比利亚半岛上最古老的城市之一。凯尔特人、古罗马人、阿拉伯人都在这里建立了他们的城市。现在的龙达以塔霍峡谷而分，峡谷的东南面是阿拉伯人建的旧龙达，西北向是西班牙人征服了摩尔人收复城市后建的新龙达。龙达斗牛场建于1785年，位于新龙达，是西班牙最古老的斗牛场之一。西班牙斗牛史上第一次像现在的斗牛那样，使用一把所谓的"斗牛剑"，从牛背上刺进去，一下把公牛刺死，实现人战胜公牛的行动就是在这座斗牛场进行的。

前往龙达途中，看到了一个标记，"龙达，梦想之城"（图13-1）。

图13-1　龙达，梦想之城

龙达斗牛场是西班牙最古老的斗牛场之一，从这个门进去是斗牛博物馆（图13-2）。西班牙斗牛就诞生在这里。十八、十九世纪西班牙最著名的斗牛家族罗梅罗家族的三代斗牛士都在这里斗过牛。现代斗牛的方式基本上也是由这个家族建立的。

图 13-2　斗牛博物馆

看看广场上反映斗牛士英姿的雕像（图 13-3）。

这尊铜像展示的是甩动红布挑逗公牛后斗牛士侧身躲闪的瞬间（图 13-4）。

斗牛场前面的公牛铜像，公牛冲向斗牛士的形态被描绘得栩栩如生（图 13-5）。

图 13-3　斗牛士雕像　　　　图 13-4　斗牛士铜像　　　　图 13-5　公牛铜像

斗牛场全景（图 13-6）。这是一张拼接图，我带的相机广角不够，也可能是广场不够大，无法站得更远一点儿。这座斗牛场从 1779 年开始建设，耗时六年一直到 1785 年正式开放。首场斗牛就有佩德罗·罗梅罗参与。佩德罗是罗梅罗家族最重要的斗牛士，到他退休时已经刺死了超过五千头公牛。

图 13-6　斗牛场全景

龙达不愧为斗牛发源地的名称，什么都可以和斗牛有关。在斗牛场墙上挂着斗牛的广告。一年一度的著名的戈雅斗牛活动就在这里举行。除了能欣赏到现代风格的斗牛士雕像，还可以去出售与斗牛相关的纪念品商店逛逛。如果走饿了，去名为"佩德罗·罗梅罗"的餐厅就餐，是个不错的选择。你看，就连餐厅的 Logo 都是佩德罗战胜公牛的英姿（图 13-7~图 13-11）。

图 13-7　斗牛广告

图 13-8　现代风格的斗牛士雕像

图 13-9　纪念品商店

图 13-10　佩德罗·罗梅罗餐厅

图 13-11　餐厅 Logo

从斗牛场穿过西班牙广场就到了塔霍峡谷，穿过峡谷上的石头桥就是旧龙达了（图 13-12）。

图 13-12　旧龙达

这座连接新、旧龙达的石桥被称为新桥（图 13-13）。顾名思义，新桥是有了新龙达之后才有的桥，建于 1751 年到 1753 年间。

看看这条深 120 米的沟壑，真是天堑（图 13-14）。旧龙达就建在沟壑的对面。我仿佛感觉出来为什么龙达几乎是伊比利亚半岛最古老的城市，在这样的地方建的城邦一定是坚不可摧的。

旧龙达还保留着不少阿拉伯风格，桥头上是圣多明戈女修道院（图 13-15）。这座修道院是阿拉伯的旧龙达最早的修道院了。1485 年收复龙达后天主教君主就下令修建这座修道院。

图 13-13　新桥

图 13-14 沟壑

图 13-15 圣多明戈女修道院

这座阿拉伯风格的建筑是曾经的阿拉伯宫殿（图 13-16）。不过现在的样子已经和原来有了不少变化，这是从阿拉伯人撤退之后宫殿的主人不断变化又不断改建造成的。

图 13-16　阿拉伯宫殿

旧龙达的白色阿拉伯风貌的建筑（图 13-17）。

图 13-17　白色阿拉伯风貌的建筑

悬崖边的古堡酒店。在西班牙古堡酒店属于一个国营的酒店集团,很多山顶上或悬崖边的古城堡被改建为酒店后都由政府持有的国营酒店集团管理(图 13-18)。

沿着塔霍峡谷漫步可以看到不远处有一处观景台(图 13-19)。

图 13-18　古堡酒店

图 13-19　观景台

站在观景台上可以眺望美丽的瓦达雷宾河谷(图 13-20)。

图 13-20　瓦达雷宾河谷

从观景平台沿着塔霍林荫道就又回到了市里。离开之前沿着大街逛逛。欧洲就是教堂多，雕塑多。没有多少路就有一座慈悲修道院（图13-21）和圣母救济教堂。圣母救济教堂门前的广场叫救济广场，广场中央有一座相当雄伟的青铜雕塑。

图 13-21　慈悲修道院

图 13-22　圣母救济教堂

图 13-23　救济广场

据说，斗牛这项活动是从马术活动转化而来的。是不是古代的马术也是相当残酷的呢？游览过如此古老、险要、豁达的小城，真的很难想象到底是什么原因使这里成为孕育这项野蛮活动的母体。是人类原本就是从野蛮中来的原因吗？是人类自古就有战胜异类的本性吗？还是想在残杀公牛的过程中感受刺激吗？不得而知。我有点支持加泰罗尼亚的决定了，希望西班牙最终能禁止这项野蛮的活动，让人类文明更能体现自然本质。

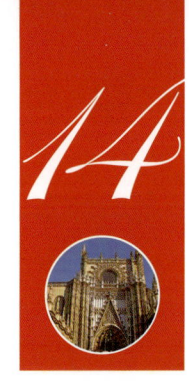

14

塞维利亚，纯粹的西班牙范儿

(1) 参观塞维利亚大教堂不可错过的地方

到欧洲一定要看教堂。漫漫历史就像一幅幅固定了空间而延续着时间的绘画不断刻录在一座座教堂里。不论是建筑风格还是艺术文化都会承载在这些一建就是上百年的传世建筑里。塞维利亚大教堂更是这样。塞维利亚不论在罗马人时期还是后来摩尔人、西班牙人统治时期都是西班牙南部重镇，现在还是西班牙安达卢西亚自治区首府。不同历史时期的文化积淀使塞维利亚当之无愧地成为历史文化名城。塞维利亚大教堂这座建在清真寺基础上的天主教堂到处呈现着各种不同的风格，伊斯兰穆德哈尔的、哥特式的、文艺复兴时期的、巴洛克的、甚至新古典主义的风格都能看到。承载如此不同文化传统于一体的建筑精品绝对难得一见。

塞维利亚大教堂的位置上原来是一座十二世纪由摩尔人穆瓦希德王朝建的大清真寺。1248年，卡斯蒂利亚国王斐迪南三世在西班牙收复失地运动中攻占塞维利亚之后，就把清真寺改成了教堂。到十四世纪，这座改建的教堂就显得破旧了，有的地方甚至倒塌了。十五世纪初基督教徒收复失地运动在整个伊比利亚半岛展开，1401年基督教会决定要在已经收复的塞维利亚建一座震撼世界的大教堂。工程从1403年开工延续了一百多年，一直到1506年才竣工。这座教堂建成后一下子就超越了占据世界第一大教堂位置近千年的君士坦丁堡圣索菲亚大教堂，成为世界最大的教堂。直到现在，塞维利亚大教堂仍占据世界第三的位置。

到如此大规模的教堂参观只用两三个小时，不走马观花是不可能的。走马观花也有个走法，有几个地方是不可错过的。主祭坛、唱诗班坐席、哥伦布墓、彩绘玻璃窗以及大门和钟塔是一定要认真看看的。

从外面看塞维利亚大教堂会有一种和其他天主教堂很不一样的感觉（图14-1）。看上去好像没有传统感觉上的尖塔或拱顶，虽然它仍然有上千座小尖塔。这大概是由于塞维利亚大教堂还是保留了原来大清真寺的架构。这是从西南角看到的立面。

如果从东南角看，还是能看到一座钟塔。这座钟塔有一个独立的名字——希拉尔达塔（图14-2）。这座105米的高塔原来是大清真寺的宣礼塔。

正南面的王子门建于十九世纪末期，现在参观都是从这座门前面进去（图14-3）。不过不是从王子门直接进，而是拐过去从侧面进入。

图 14-1　塞维利亚大教堂

图 14-2　希拉尔达塔

图 14-3 王子门

塞维利亚，纯粹的西班牙范儿　159

王子门前面有一座著名的塞维利亚胜利女神青铜雕塑的复制品（图 14-4）。塞维利亚胜利女神铜像原件立于希拉尔达塔的尖顶上，铸于十六世纪。

图 14-4　塞维利亚胜利女神青铜雕塑

走进大教堂里面一定会被高达 42 米的内廷所震撼（图 14-5）。

教堂中殿的主祭坛绝对是首先要亲眼目睹的珍品。这座高 30 米、宽 20 米，由 44 组雕塑组成的大型浮雕是从 1482 年到 1564 年花了 82 年精雕细琢做成的（图 14-6）。当中的 36 组是描绘耶稣基督生平的场景。

图 14-5　内廷

图 14-6　大型浮雕

这里也有这个著名圣经故事的浮雕——最后的晚餐（图14-7）。仔细看看，上面的每个人物都栩栩如生。

图14-7　最后的晚餐

唱诗班座椅也应该认真看看，是从1470年到1520年共花费五十年时间才完成的（图14-8）。一共有117把座椅。中间的国王座椅是为卡斯蒂利亚·莱昂国王准备的。

图14-8　唱诗班座椅

不能进去参观，只好用长焦拍一下这些精致的哥特式木雕的椅子背（图 14-9）。

图 14-9　椅子背

大教堂南侧，其实就是王子门的后面就是哥伦布墓。哥伦布墓是一座巨大的铜雕，描绘的是四位英俊的武士抬着哥伦布的棺椁（图 14-10）。这四位武士竟然分别是当时西班牙最重要的四个王国卡斯蒂利亚、莱昂、纳瓦拉、阿拉贡的国王。可见哥伦布在西班牙人心目中的地位。

这架巴洛克式的管风琴也值得看一看（图 14-11）。

图 14-10　哥伦布墓

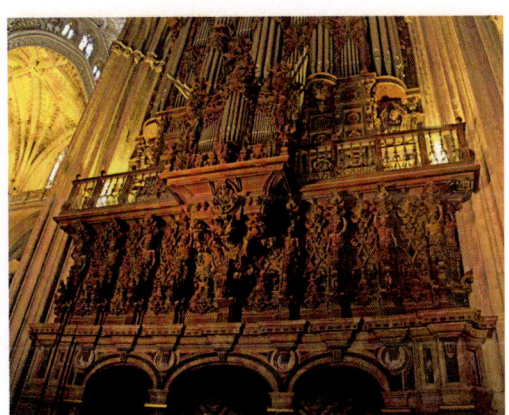

图 14-11　管风琴

塞维利亚大教堂一共有 138 组彩绘玻璃窗，创作年代从十五世纪一直到近代。这幅耶稣进入耶路撒冷创作于 1553 年（图 14-12）。

西侧诞生门（圣米格尔门）上的玫瑰窗，创作于 1566 年（图 14-13）。

创作于 1685 年，位于圣安东尼奥礼拜堂的圣胡斯塔和圣鲁菲娜（图 14-14）。

图 14-12　彩绘玻璃窗

图 14-13　圣米格尔门上的玫瑰窗

图 14-14　圣胡斯塔和圣鲁菲娜

圣灵和圣灵节的到来，创作于 1880 年（图 14-15）。

塞维利亚大教堂的彩绘玻璃窗真的太美、太壮观，再拼图放在一起展示一下（图 14-16）。

图 14-15　圣灵和圣灵节的到来

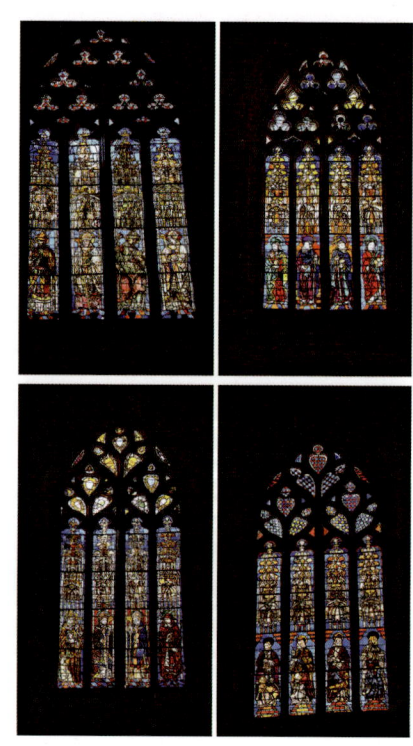
图 14-16　彩绘玻璃窗

塞维利亚大教堂的内部细节应重点看看（图 14-17）。

图 14-17　塞维利亚大教堂内部

如果有时间，有些地方也应该仔细看看，例如红衣主教唐璜·塞万提斯的墓和圣母祭坛（图 14-18 和图 14-19）。塞维利亚大教堂还有不少名画也值得一看（图 14-20）。

图 14-18　主教唐璜·塞万提斯墓

图 14-19　圣母祭坛

圣器室也是一定要看的（图 14-21）。圣器室中央是一座重 475 公斤的银质圣体龛，是在十六世纪八十年代由当年著名的银器制作家族制作的（图 14-22）。

图 14-20　名画

图 14-21　圣器室

图 14-22　银质圣体龛

希拉尔达塔看上去也有明显的伊斯兰风格（图 14-23）。

通过希拉尔达塔内部的回转坡道可以登上高 98 米的塔顶。现在这里已经不是伊斯兰的宣礼塔，而是天主教堂的钟楼（图 14-24）。

图 14-23　希拉尔达塔　　　　　　　　　　　　　　　图 14-24　钟楼

从塔顶看到的塞维利亚大教堂别致的顶部结构（图 14-25）。

图 14-25　塞维利亚大教堂顶部

可以看到远处的西班牙宫（图 14-26）和塞维利亚斗牛场（图 14-27）。

图 14-26　西班牙宫

图 14-27　塞维利亚斗牛场

大教堂北部保留了原来清真寺时期的样子,现在叫桔园,是一个可以让游客休闲的地方。中间还有一个阿拉伯式的喷泉。从桔园看到的希拉尔达塔和大教堂北侧进入桔园的概念门(图 14-28)。

图 14-28　拉尔达塔

从桔园出来是一座典型阿拉伯风格的宽恕门。这些典型的阿拉伯风格花纹装饰让人感受到这里曾经是清真寺（图14-29）。

图14-29　宽恕门

塞维利亚大教堂的门绝对也是应该仔细观赏的地方。除了前面已经说到过的王子门和宽恕门外，有四座门也是重要的（图14-30）。从左上、右上到左下、右下分别是诞生门、洗礼门、亚松森门和概念门。还应该仔细看看门楣上面的浮雕，诞生门上描绘的是耶稣诞生，洗礼门上描绘的是耶稣受洗，亚松森门门楣上描绘的是圣母升天浮雕。上面的诞生门和洗礼门都是塞维利亚大教堂最古老的，十五世纪初建时就有这两座门。

短短的两个小时很快就过去了，这些是给我留下最深印象的地方。如果您去那里一定不要错过这些地方。

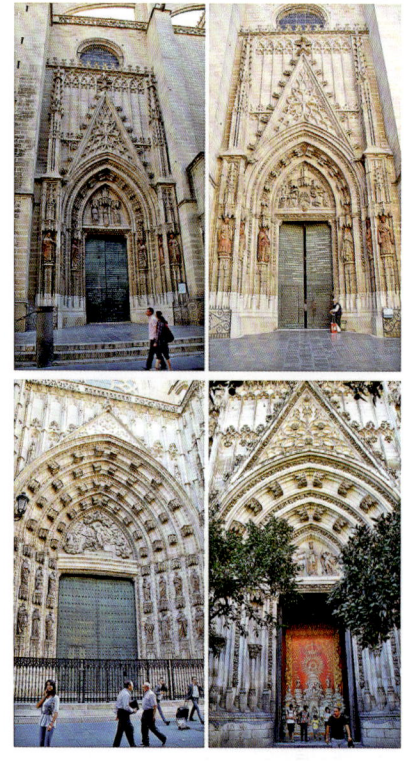

图14-30　塞维利亚大教堂的门

(2) 纯粹西班牙范儿的塞维利亚

要想感受纯粹的西班牙风格，那种激情、热烈、浪漫的生活方式，应该去塞维利亚。这座安达卢西亚的西班牙南部重镇曾经被摩尔人统治过五百多年。融合了摩尔人、吉普赛人风格的艺术形式，浓缩了伊斯兰、西班牙，甚至古罗马的建筑元素随处可见。塞维利亚是西班牙南部最大城市，在整个西班牙排名第四。西班牙的第一条高速铁路就是从首都马德里通往塞维利亚，现在一天有15班直达高速火车。塞维利亚是西班牙豪放泼辣的弗拉门戈舞的发源地，说得更准确些，这种音乐、舞姿集东西方多民族艺术精华于一身的西班牙国粹就是从塞维利亚地区孕育、发展的。塞维利亚有西班牙最古老的斗牛场，建于1758年，比龙达的斗牛场早27年。只是那时还是骑马斗牛，所以塞维利亚也被誉为西班牙斗牛的发源地。不同的只是，龙达诞生了现代徒步剑刺的斗牛程式。如果说到欧洲艺术最重要的形式——歌剧，塞维利亚有其无可比拟的重要性，比才的《卡门》、罗西尼的《塞维利亚理发师》、莫扎特的《费加罗的婚礼》，这些故事都发生在这里。再加上像塞维利亚大教堂、阿尔卡萨尔城堡这样的承载着摩尔人和西班牙基督徒文化的历史遗迹，塞维利亚绝对是一个到西班牙就不可不去的城市，是感受纯粹西班牙风格的绝佳去处。当我们漫步在塞维利亚街头时真正体验到了西班牙的激情、热烈和浪漫。

西班牙国粹——斗牛和弗拉门戈的形象随处可见，即使家庭主妇用的围裙也突显国粹形象（图14-31）。

图14-31　围裙

满街的纪念品商店，典型的纪念商品——T恤和明信片都展现西班牙国粹（图14-32）。

图14-32 纪念商品

坐着马车享受着塞维利亚的阳光本身就是旅游最重要的价值（图14-33）。

图14-33 乘坐马车

看一场真正塞维利亚的弗拉门戈舞才是不容错过的体验。这家安达卢西亚宫弗拉门戈舞厅是塞维利亚最好的表演场地之一（图14-34）。

进门后感觉这里富丽堂皇得就像一座宫殿。这里是弗拉门戈舞博物馆，我进去时已经关门，没有机会参观（图 14-35）。

安达卢西亚宫演出场地相当大，和我曾经在马德里的酒吧里看弗拉门戈舞感觉很不一样（图 14-36）。

舞蹈有多人集体舞、单人舞和双人舞等多种形式（图 14-37）。

男士单独的表演几乎都是以甩披风和踢踏舞为主（图 14-38）。

图 14-34　弗拉门戈舞厅

图 14-35　弗拉门戈舞博物馆

图 14-36　演出场地

图 14-37　舞蹈

图 14-38　踢踏舞

建于 1758 年的西班牙最古老的皇家骑士斗牛场（图 14-39）。遗憾的是那段时间没有斗牛，要不然一定应该去看一次。

在斗牛场门口屹立着一座斗牛士的铜像（图 14-40）。

要体会塞维利亚历经古罗马、摩尔人的统治最终回到基督徒手里的历史，以及对建筑艺术的影响，到塞维利亚西班牙广场走走是有价值的（图 14-41）。这里算不上是古老的历史遗迹，因为它是为举办 1929 年伊比利亚美洲博览会而建的。伊比利亚美洲指的是西班牙、葡萄牙本土和拉丁美洲说西班牙葡萄牙语的国家。

图 14-39　皇家骑士斗牛场

图 14-40　斗牛士铜像

图 14-41　西班牙广场

塞维利亚西班牙广场呈半圆形，直径有近 200 米。广场中央是一个巨大的喷泉（图 14-42）。我早早地赶到那里时，喷泉已经全力喷水，在清晨斜射的阳光下还出现了彩虹。

半圆的弧形部分据导游说是摩尔复兴式的环廊，我看着怎么觉得是巴洛克式的（图 14-43）。

图 14-42　喷泉

图 14-43　摩尔复兴式的环廊

仔细看看环廊中的细节，确实能发现具有伊斯兰阿拉伯风格的元素（图 14-44）。

图 14-44　环廊细节

每两对廊柱之间是一个西班牙省的展示空间，有地图，有省徽，有特色文化介绍。这样的空间共58个，因为西班牙有58个省（图14-45）。

图14-45　展示空间

环廊和半圆形广场之间是护城河。护城河上还有桥，是不是有点清明上河图的感觉（图14-46）？

环廊两端是哥特式的尖塔，不过上面的装饰细节充满了穆斯林艺术情结（图14-47）。

半圆形的西班牙广场和玛利亚路易莎公园之间的装饰细节别具特色，给人带来青花瓷般的感受（图14-48）。

从西班牙广场穿过玛利亚路易莎公园就可以到瓜达尔基维尔河（图14-49）。这条河是安达卢西亚最大的河，流经科尔多瓦和塞维利亚。也是这条河使塞维利亚成为西班牙重要的内河港口，现在还可以乘坐游船游览塞维利亚。

图14-46　护城河

图14-47　装饰细节

塞维利亚，纯粹的西班牙范儿

图 14-48　装饰细节

图 14-49　瓜达尔基维尔河

瓜达尔基维尔河边的这座塔可是一座古建筑，叫黄金塔（图 14-50）。它是十三世纪由穆斯林建的，当时用作瞭望塔。瞭望塔建得如此壮观华丽可见塞维利亚昔日的辉煌。

图 14-50　黄金塔

要了解西班牙范儿，一定要去塞维利亚。

15 科尔多瓦，承载着千年历史变迁的大清真寺

真的很难想象一座建筑能够承载一方土地如此厚重的历史，真的很难想象一方人民能如此包容不同宗教和文化。当你走进科尔多瓦主教座堂时真的会被眼前所见的情景所震撼。不论曾经的战争有多么残酷，人类文明终将在人类所特有的包容精神中不断发展和前进。看看这座大教堂现在的名字就能感受这点。它在教会里的正式名称是科尔多瓦圣母升天主教座堂（西班牙文 Catedral de Nuestra Señora de la Asunción），简称科尔多瓦主教座堂。但在社会上，老百姓都称它是科尔多瓦大清真寺（西班牙文 Mezquita-Catedral de Córdoba）。在一般人看来，把这座主教座堂叫成大清真寺更能说明它的特征，更能了解它的内涵。再看看这座教堂的建筑风格，从整体结构来说，完全没有什么哥特式的、巴洛克式的、罗马式的、拜占庭式的种种风格形式可言。巨大的教堂内部由 850 根柱子顶起的双层券拱构成的十九列、二十九行的巨型大厅，现在看上去还是典型的清真寺祈祷厅模样。收复失地后的基督徒主要是把原来的清真寺祈祷厅中央部分改造成了教堂中殿和唱诗班坐席，再把四周围墙建成了 35 个礼拜堂。在这座现在作为主教座堂使用的大清真寺一千二百年多年的历史中，有两位重要人物奠定了这座伟大建筑的基础，一个是后倭马亚王朝的缔造者、开始了阿拉伯人对西班牙长达七百多年统治的埃米尔阿卜杜·拉赫曼一世，他建起了西班牙土地上最大的清真寺。另一位是神圣罗马帝国皇帝查理五世，他在下令改建成天主教主教座堂的同时，保护了原来大清真寺中阿拉伯文化艺术最精湛的部分。没有他们我们现在就看不到这座承载了千年历史变迁的宗教圣地。

阿卜杜·拉赫曼一世是个传奇人物。在阿拉伯本土的倭马亚王朝灭亡时，拉赫曼一世不但逃脱了阿巴斯王朝的追杀，还逃到科尔多瓦建立后倭马亚王朝。那时这里有一座由西哥特人建成的教堂。拉赫曼一世下令拆除这座西哥特人的教堂并在此基础上建起了大清真寺。开始建设的时间是公元 786 年。那时的清真寺只有十一列十二行大小。后来的拉赫曼二世、拉赫曼三世、哈卡姆二世和曼苏尔都为大清真寺的扩展和艺术文化做出过重要贡献。

把清真寺改造成为天主教堂的工作从十二世纪西班牙收复失地运动还在基督教徒和穆斯林之间拉锯的时候就已经开始了。最早建立的天主教宗教建筑特征是位于清真寺正中央的主祭坛。后来，一些礼拜堂和祭坛陆续建起来。其中大部分是沿着大清真寺围墙建的，也有一些建在清真寺内部，包括后来成为皇家礼拜堂的那间。改建主教座堂的大规模工程是从十六世纪初开始的。当时的主教阿隆索·曼里克受查理五世皇帝的委托开始了浩大的工程。这部分工程延续了一个世纪，包括教堂中殿、主祭坛、唱诗班坐席和皇家礼拜堂。曼里克主教还有更庞大的计划，还好遭到了查理五世皇帝的制止，使得在几百年时间里建起来的大量伊斯兰文化精粹得以保存。

科尔多瓦,承载着千年历史变迁的大清真寺

当你走进科尔多瓦主教座堂的时候真的很难确定这到底是天主教堂还是清真寺。

从流经科尔多瓦和塞维利亚的瓜达尔基维尔河旁一条小巷走过来,旁边一座巨大的阿拉伯伊斯兰风格的城堡式建筑,就是科尔多瓦主教座堂(图 15-1)。

图 15-1 科尔多瓦主教座堂

进入科尔多瓦大清真寺首先看到的是一个庭院,名称也叫桔园,和塞维利亚大教堂一样。这个庭院就是原来清真寺的净身处。庭院的北侧宽恕门旁边是拉赫曼三世扩建桔园时间的宣礼塔。现在看到的是在当时的宣礼塔基础上改建的钟塔(图 15-2)。

庭院四周是环绕的回廊,一侧的回廊墙上挂着一排排的木板,这是原来从清真寺上拆下来的天花板(图 15-3)。

庭院的南面是寺院的主体,参观者就从中间阿拉伯风格的棕榈门进去(图 15-4)。

图 15-2 钟塔

图 15-3　回廊

图 15-4　棕榈门

当你走进大殿看到这一排排一列列的柱子和拱门时，那种震撼真的难以言表。圆形的石柱子上有一个雕花的基座支撑着双层重叠拱券结构的拱门，上层拱券半圆形，下层为马蹄形。拱券均以红白相间的楔形拱石砌筑而成，白色的是石灰岩，红色的是砖。这成行成排的柱子和拱门像石林，也像岩洞，看得眼花缭乱，却给人宗教的神秘感，浮想联翩（图 15-5）。

图 15-5　大殿

原来清真寺的天花板是雕有花纹的模板（图 15-6）。这里看到的是公元八世纪末拉赫曼一世时期建的部分。

当年的清真寺也是逐步扩大的，到九世纪上半叶拉赫曼二世当政时期他几乎把清真寺扩大了一倍（图15-7）。

图15-6 天花板

图15-7 扩建后的大殿

据说红白砖石相间的拱券就是在这一时期形成的（图15-8）。

十世纪哈卡姆二世时代是最辉煌的时代，不但主体建筑进一步扩大，清真寺内部最精湛的伊斯兰艺术杰作也是在这一时期创作完成。哈卡姆二世扩大了十二个拱，比拉赫曼一世和拉赫曼二世时期增加的空间都要大，使清真寺达到了十一列二十九拱的规模。这个时代最重要的扩展是建造了被称为米哈拉布的穆斯林祈祷壁龛，直接朝向麦加的方向。当时建的米哈拉布正对着入口的棕榈门，而这条通道正好处在清真寺的正中（图15-9）。现在看到的前方白色明亮处是十六世纪建在清真寺中央的哥特式教堂的西侧。

图15-8 拱券

图15-9 通向清真寺的通道

教堂的浮雕和中间后面最远处的米哈拉布（图15-10）。

图 15-10 教堂的浮雕

科尔多瓦，承载着千年历史变迁的大清真寺　181

　　沿着这条拱道一直往前走，祈祷壁龛就越来越近了（图 15-11）。祈祷壁龛的正面，是清真寺中最精彩的部分（图 15-12）。这是当时的拜占庭君王派出他们的艺术家用了将近 1.5 吨的马赛克镶嵌而成的。往上看，可以看到祈祷壁龛美轮美奂的拱顶（图 15-13）。

　　在大清真寺的西南角是一个关于西哥特人教堂遗迹的博物馆，叫圣文森特博物馆（图 15-14）。

　　从这些考古遗迹来看，晚于古罗马先于阿拉伯人的西哥特人的艺术造诣已达到相当高的水准（图 15-15）。

图 15-11　祈祷壁龛

图 15-12　祈祷壁龛的正面

图 15-13　拱顶

图 15-14　圣文森特博物馆

　　科尔多瓦主教座堂真是一个奇妙的宗教建筑，因为它实际上就是建在原来大清真寺的中央。现在看起来高高的哥特式教堂中殿和祭坛完全被清真寺的祈祷厅环绕起来，静静地矗立在那成行、成排的双层重叠拱门构筑的柱林中间。相比之下主祭坛似乎显得没有什么可圈可点的了（图 15-16）。

图 15-15　考古遗迹

图 15-16　主祭坛

唱诗班坐席背后精雕细琢的桃木挡板,画面之精美、圣像之高贵甚于主祭坛(图 15-17)。唱诗班座位也是桃木的(图 15-18)。更为精彩的是,椅背上雕刻着各种宗教的故事(图 15-19)。

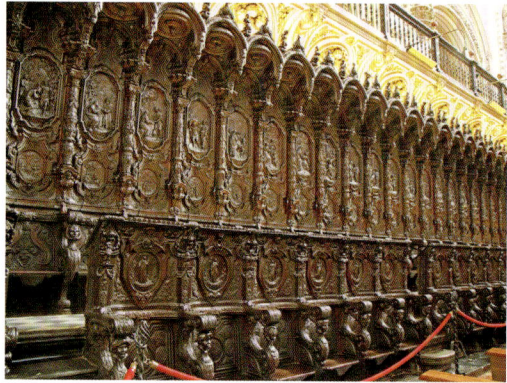

图 15-18　座位

图 15-19　宗教故事雕塑

图 15-17　桃木挡板及圣像

教堂中殿的旁边就是皇家礼拜堂。因为不开放只能从旁边波浪形的窗孔看进去，里面装饰之精美无法抵挡（图15-20）。

有一面墙上立着一座圣费尔南多的立像（图15-21）。

除了中央的哥特式教堂外清真寺里还有很多礼拜堂，这是皇家礼拜堂旁边的VILLAVICIOSA礼拜堂（图15-22）。

图15-20　透过窗孔看皇家礼拜堂

图15-21　圣费尔南多像

图15-22　VILLAVICIOSA礼拜堂

北墙的 San Esteban 礼拜堂的祭坛（图 15-23）、东墙的 Santa Marla Magdalena 礼拜堂的祭坛（图 15-24）和圣胡安礼拜堂的雕塑（图 15-25）都应该看看。

图 15-23　San Esteban 礼拜堂的祭坛

图 15-24　Santa María Magdalena 礼拜堂的祭坛

图 15-25　圣胡安礼拜堂的雕塑

南墙靠近祈祷壁龛的是圣特蕾莎礼拜堂祭坛（图 15-26）。

图 15-26　圣特蕾莎礼拜堂祭坛

圣特蕾莎礼拜堂同时也是圣器室，里面展示的都是难得一见的珍品（图 15-27）。
再看看科尔多瓦大清真寺里面那些基督教艺术珍品吧（图 15-28）。

图 15-27　展出的珍品　　　　　　　　　　　　　　图 15-28　艺术珍品

大清真寺中央的哥特式教堂里也有彩绘玻璃窗（图 15-29）。
大清真寺的东侧是十一世纪曼苏尔将军时期第三次扩展的部分。这次扩展把初始部分和接着的两次扩展形成的 29 个拱同时向东增加了八个通道，最终形成了现在可以看到的十九列、二十九行的规模。那时大清真寺里曾经有 1293 根柱子，不过，因为拆除中间部分柱子改建教堂，现在一共只留下 850 根柱子了（图 15-30）。据说这次扩展的拱门不是砖石相间的楔形拱石了，红白相间是涂的颜色不同，而材料都是石灰岩。顶部也不再是木质的了，是巴洛克式的了（图 15-31）。这种拱券结构的拱门和柱林构成的教堂真的很难在别的地方看到，那些柱子、基座、拱券都值得仔细欣赏（图 15-32）。

图 15-29　彩绘玻璃窗

图 15-30　柱子

图 15-31　顶部

图 15-32　细部

最后关注一下具有欧洲风格的圣卡塔丽娜门（图 15-33）。

图 15-33　圣卡塔丽娜门

圣米格尔门（图 15-34）。阿拉伯风格的，门楣上好像装饰了基督教徽记。

图 15-34　圣米格尔门

San Esteban 门，风格是阿拉伯的，名字好像已经改成基督教的了（图 15-35）。

转了一大圈没有一个整体感觉，没有看到全景。离开科尔多瓦大清真寺之后走在狭窄的小街上突然看到一家纪念品商店里有一本挂历，拍下了这个完整的大清真寺和中央凸起的哥特式教堂（图 15-36）。

回程的路上一直在想，什么才能决定历史的变迁和文化的融合。1236 年当基督教徒重新收复科尔多瓦后，在宣布大清真寺重新改为天主教主教座堂的庆典上，当时的主教宣布：历史翻开了新的一页，五百年后，基督的十字架重新在这里升起。参观过这座正式名字叫圣母升天主教座堂的大教堂，让我回味更多的是大清真寺那不朽的柱子和双层重叠拱门阵。这是科尔多瓦圣母升天主教座堂吗？留在我脑海里的还是深深的大清真寺的印象。

图 15-35　San Esteban 门

图 15-36　挂历上的全景

16 到孔苏埃格拉追寻堂吉诃德的足迹

科尔多瓦到马德里有 400 公里，路上要走五个多小时。天不亮就出发，不到一个小时车就开出了安达卢西亚进入了卡斯蒂利亚－拉曼查的地界。拉曼查在西班牙有相当特殊的地位，就是因为这里是西班牙最著名的作家塞万提斯的史诗般巨作堂吉诃德的故乡。只要提起堂吉诃德，这位沉迷于行侠仗义、游走天下、骑士行为的破落小乡绅骑着瘦马，举着长枪冲向风车的画面就会在我的脑海里重现。2005 年，这部伟大的著作面世 400 周年时，西班牙政府专门开辟了一条长达 250 公里的堂吉诃德之路的旅游路线，让全世界的堂吉诃德迷们有机会亲身体验这位生活在梦幻中的人物匪夷所思的行径。这条堂吉诃德之路的核心地段是从孔苏埃格拉到贝尔蒙特城堡，包括坎波－德拉克里普塔纳和埃尔托沃索。其中，孔苏埃格拉距离从科尔多瓦到马德里的高速公路不到 10 公里。我宁愿晚一些到马德里也一定要绕道去一次孔苏埃格拉，在巨大的风车群里感受一下堂吉诃德冲向他臆想中敌人的英雄气概。

一早便出发，在路上迎来日出 (图 16-1)。

图 16-1　日出

疾驶在西班牙中部的原野上，突然在公路边的小镇旁出现一个胖胖的风车（图 16-2）。

图 16-2　风车

远处的山顶上也有风车，白墙灰顶。这就是堂吉诃德的故乡拉曼查的山地景色（图 16-3）。下高速看到的第一面墙，堂吉诃德的形象赫然挡在前面（图 16-4）。

图 16-3　山地景色　　　　　　　　图 16-4　堂吉诃德形象

孔苏埃格拉全景（图 16-5）。十三世纪的古城堡两侧散开排列着十一座风车，俨然一个对付骑士进攻的阵势。要穿过孔苏埃格拉小镇才能冲向风车阵。

图 16-5　孔苏埃格拉全景

上山需要在停车场换乘景区的观光列车（图 16-6）。

观光车"风驰电掣"般地出发了，风车从我们身边掠过。这座风车只有两个叶片（图 16-7）。

图 16-6　景区观光车

图 16-7　风车

沿途看到古城堡及一字排开七座风车（图16-8）。

图16-8　古城堡及风车

要一个个突破风车的"阻击"攻上山顶绝不是易事，好在观光车通行无阻（图16-9）。

图16-9　风车

到山顶后，我下车仔细观察这些"敌人"（图16-10）。奇怪，叶片怎么都是空栅格呢？是不是风车开磨的时候要蒙上一层什么以使它们在风的吹动下运转起来？对，应该是这样。要是平时也蒙着不就没完没了地转了？哪有那么多堂吉诃德来挑战呀！

每座风车都有一根木杆支撑（图16-11）。占据制高点的风车特别引人注意（图16-12）。

图 16-10　风车细节

图 16-11　采用木杆支撑

图 16-12　占据制高点的风车

小卖部也设在风车里，向游客出售饮料食品等（图16-13）。

告别风车阵，告别孔苏埃格拉。

但我不会告别堂吉诃德，如果以后有机会一定要真正去走一次堂吉诃德朝圣之路，那才更能感受塞万提斯在他的巨作里抨击和崇尚的那些精神吧。

图 16-13　设有小卖部的风车

17 巴塞罗那，养育了高迪和超现代建筑艺术的城市

(1) 感受高迪创意灵感的建筑艺术之旅

　　一个建筑师的超现代艺术创意能如此影响一座城市建筑风格的莫过于安东尼·高迪了。可以说，那座地处地中海西岸的明珠对跨地域文化的包容造就了高迪；也可以说，这位出类拔萃的超人、奇才把巴塞罗那装扮成世界城市建筑艺术的奇葩。因为高迪对十九世纪末二十世纪初的建筑技术和艺术的创意和贡献，联合国教科文组织把他的七座建筑作品以"安东尼·高迪的建筑作品"的名义列入世界文化遗产名录。把一个人的七座建筑作品同时列入世界文化遗产，这在联合国历史上也可以说是前所未有的。这次我在巴塞罗那的行程就完全是围绕着高迪的建筑作品来安排的。先去了奎尔公园，然后去了神圣家族教堂，再沿着格拉西亚大街随意走走就能看到米拉公寓和巴特洛公寓。格拉西亚大街是十九世纪下半叶巴塞罗那扩建时最主要的一条街道，不少现代主义的建筑都能在这里看到。

　　高迪的一生也充满了传奇色彩，不仅仅是因为他留下了大量传世建筑艺术作品。据说高迪自小因患风湿病而只能自己一个人在家玩，这却练就了他观察环境的独特能力。成长在十九世纪下半叶的高迪在受到加泰罗尼亚复兴时期现代主义气息熏陶的同时，以他的创新思维成长为十九世纪末二十世纪初加泰罗尼亚独特的现代主义风格的代表人物。他为神圣家族教堂贡献了34年，最后却不幸地在巴塞罗那有轨电车通车那天被电车撞倒。开始竟然没有人知道这位被撞倒的穿着寒酸的糟老头是谁，直到被一位老太太认出来。高迪被送医院后三天不治身亡。享年74岁的高迪终身未娶，据说对这位为西班牙和巴塞罗那留下了无价的建筑财富的传奇人物竟没有任何关于他生活伴侣的丝毫信息，即使是关于他和情人、女友的浪漫花絮。他几乎是一个为建筑而生的、甚至是为超现代艺术风格而生的传奇人物。

　　在巴塞罗那，我选择了跟随安东尼·高迪的灵感走。不到一天时间让我感受到高迪对加泰罗尼亚复兴时期建筑艺术的影响，感受到高迪崇尚自然、崇尚曲线美，直至疯狂的程度。

　　奎尔公园，免费开放。从主入口进来就是中间布满形态怪异的雕塑、两侧装扮着有点阿拉伯风格图案的雉堞状围墙的宽敞台阶——标志性台阶（图17-1）。

图 17-1　奎尔公园的宽敞台阶

这里雕塑的特色是镶嵌着色彩鲜艳的马赛克碎片（图 17-2）。

蜥蜴是最大的一座雕塑，这是因为它是加泰罗尼亚的徽章（图 17-3）。这么多马赛克碎片平滑地镶嵌在复杂的曲面上，把这些动物体现得既自然又生动。

图 17-2　马赛克碎片　　　　　　图 17-3　蜥蜴雕塑

仔细看看两侧雉堞状围墙上的装饰马赛克碎片是不是有点阿拉伯风格（图17-4）？

图17-4　具有阿拉伯风格围墙装饰

奎尔公园主入口大门左侧的门房，现在改成了书店。这座小楼从房顶到底部整个都是用曲线组成（图17-5）。怪不得导游说，在高迪的审美观里，直线是人类的设计，只有曲线才是自然的、是属于上帝的。

正门右侧原来是门卫住所，现在是博物馆，形态更为奇异（图17-6）。

这些马赛克碎片的色彩是多么柔和多么优雅（图17-7）。

窗户，有点像溶洞山顶的洞口（图17-8）。

通往公园的长廊，被叫作洗衣妇长廊。斜的墙面和斜的柱子让你站着都有点觉得要歪倒。这里柱子是用未经雕凿的石材垒成的。走上标志性台阶就是百柱厅（图17-9）。要较真的话，百柱厅里密密麻麻地、甚至可以说是杂乱地排列着柱子不够一百根，实实

图17-5　采用曲线设计的书店

图17-6　博物馆

图17-7　马赛克碎片的细节

图17-8　窗户

在在地讲这里只有86根柱子。由于厅里天花板上拥有大量奇异而精美的马赛克镶嵌图案，这里的游客几乎个个都抬着头边走边看，真怕他们撞上柱子。

图17-9　百柱厅

原来这些图案还不完全用马赛克，其中部分用的是真正的贝壳，不似章鱼又似章鱼（图17-10）。

从百柱厅边上的台阶再往上走就到了百柱厅顶上的自然广场，全部被弯曲又连贯的长椅包围着，这些长椅色彩艳丽（图17-11）。

图17-10　马赛克碎片与贝壳

图17-11　长椅

这里看到的就是主入口大门两侧的童话般的小楼（图 17-12）。离开这异彩纷呈的圆形自然广场之前不会不去想高迪是如何能够把他那种几乎疯狂的奇思妙想变成传世的建筑艺术瑰宝奎尔公园的呢？这里不能不提到高迪一生中最重要的朋友和伙伴，巴塞罗那富商奎尔。安东尼·高迪在年轻时认识了这位几乎对艺术和创意与高迪一样疯狂的富商。奎尔公园就是他为了建造一座超现代的宜居城市花园而邀请高迪建造的。也应该是奎尔对这种艺术风格的追求和他对高迪的绝对信任，放手让高迪的创意毫无保留地全部释放出来，才有了我们现在看到的世界上绝无仅有的奇妙公园。

图 17-12　童话般的小楼

自然广场北面的廊柱（图 17-13）。

图 17-13　廊柱

自然广场旁边一大片原来是巴塞罗那市政府苗圃，1926年市政府向公众开放奎尔公园时改成树木葱郁、柱廊环绕的花园，称为奥地利花园。

穿过奥地利花园就是出口停车场。一路上有很多摊贩，出售的纪念品看起来都相当精致。高迪博物馆坐落在公园里（图17-14）。高迪生命的最后20年就是在这里度过的。

随着高迪的灵感我来到了格拉西亚大街，这里是巴塞罗那现代主义建筑艺术最集中的地方。从加泰罗尼亚广场一侧沿着格拉西亚大街走不远就可以看到这座外墙装饰和结构都漂亮的荡人心魄的巴特罗公寓（图17-15）。

图17-14　高迪博物馆

图17-15　巴特罗公寓

走过马路，可以近距离看到色彩鲜艳的马赛克镶嵌墙面（图17-16），像波浪般涌动着的阳台（图17-17），仿佛欧洲人明亮眼睛的蓝色玻璃窗，整个墙面细腻地表达了高迪对自然界线条和色彩的艺术理解。

图17-16　马赛克墙面

图 17-17　巴特罗公寓的阳台

图 17-18　巴特罗公寓背侧墙面

巴特罗公寓并不是对称的，只有一侧有塔楼。有很多游客排队买票参观。由于时间紧张，我没有进去。巴特罗公寓的房顶也是可以上去的，背侧的墙面装饰也精美至极（图 17-18）。

沿着格拉西亚大街继续往前走就可以看到更能体现高迪对超现代主义艺术风格狂野和粗放的追求的米拉公寓（图 17-19），遗憾的是当时正在装修。如果不是为了留出时间想参观米拉公寓，我是可以花点儿时间排队参观巴特罗公寓的。米拉公寓似乎在高迪的建筑作品中更有代表性。因为米拉公寓和奎尔公园、奎尔宫于 1984 年就列入世界文化遗产名录，而巴特罗公寓和文森斯公寓、奎尔纺织村教堂、神圣家族教堂于 2005 年才扩展进世界文化遗产名录。

图 17-19 米拉公寓

还好侧面还有一部分没有蒙起来,也可以一睹米拉公寓的风采(图 17-20)。米拉公寓建在巴特罗公寓之后,建于 1906 到 1910 年。巴塞罗那另一位富商的妻子看到了巴特罗公寓之高雅美丽后,极力想要高迪也为他们设计一座更加令人惊叹的公寓。安东尼·高迪做到了。

图 17-20 米拉公寓侧面

用石头砌成的波浪起伏形状的墙面和阳台上镶着图案各异的铁制护栏，给人以大海般狂野的艺术感受（图17-21）。

房顶的烟囱形态奇特（图17-22）。

公寓一层的天花板如波、如花，令人对高迪的艺术风格产生无限遐想（图17-23）。

图 17-21　铁制护栏

图 17-22　烟囱

图 17-23　天花板

格拉西亚大街还是值得逛逛的，可以看到不少代表巴塞罗那特点的现代主义风格建筑，因为这条大街就是加泰罗尼亚复兴时期最具代表的扩建区，还被称为不和谐街区。在巴特罗公寓旁边就是另一座现代主义建筑经典作品阿玛耶公寓（图17-24）。

图 17-24　阿玛耶公寓

在高迪灵感的引导下，巴塞罗那像贝壳的螺纹，像大海的波涛，像绽放的鲜花疯狂地舞动着。

(2) 神圣家族教堂

神圣家族教堂是任何一位到巴塞罗那的游客必游的景点。其实这么说还不够到位，不论你是第几次到巴塞罗那，每次都一定会去神圣家族教堂。自从1882年3月19日圣约瑟日埋下第一块奠基石，到我最近一次去的2014年，已经经历了漫长的132年。在这漫长的岁月里神圣家族教堂一直受到人们的关注。本来这是一座为赎罪而建的忏悔教堂，有一个庞大的规划。1883年高迪的加入并在一年后成为总建筑师，为神圣家族教堂注入了加泰罗尼亚现代主义的精髓和血液，无论从建筑风格还是教堂布局、祭坛形式都成为了独树一帜的经典作品。这是一座为上帝建造的教堂，是上帝和信徒沟通的场所。十八座尖塔直刺青天，象征着信徒对神的虔诚和敬畏。这十八座尖塔中十二座代表十二圣徒，每个立面四座。四座尖塔代表圣经的四位作者。另外两座尖塔分别代表耶稣和圣母玛利亚，其中代表耶稣的尖塔高达172米，使神圣家族教堂成为世上最高的宗教建筑。不过，到本书写作时为止仅八座尖塔建成。诞生立面的四座建成于1930年，受难立面的四座建成在1976年。由于西班牙内战，教堂的建设工程从1936年起就停了，直到1954年才重新启动。从2010年起，整座教堂虽然尚在建设中，但已是边建设、边使用，还边开放参观。单单说神圣家族教堂的建设过程就可以成为宗教建筑史的经典。这也是吸引人们每次到巴塞罗那必去神圣家族教堂的原因。

我第一次去是2005年，回来后还发了一篇题为《神圣家族教堂，建设中的世界文化遗产》的博文。当时教堂内部尚未建好，除了观赏整体外观，诞生立面和受难立面是主要参观点。2010年年中教堂中殿封顶，同年11月7日教皇本笃十六世为教堂祝圣。第二次是2014年去的，就有幸参观结构奇异、光影绚丽，甚至祭坛都别具一格的教堂中殿。真让我这个对艺术风格和流派知之甚少的游客体会了什么是自然主义和表现主义相结合，什么叫新浪漫主义和现代巴洛克风格的折衷，什么叫高迪独树一帜的加泰罗尼亚现代主义风格，真可谓叹为观止。

从诞生立面一侧看到的神圣家族教堂全貌。相隔十年这里是看到的变化最大的一面，因为现在中殿已经建成（图17-25）。

进入神圣家族教堂有两个入口。不论从耶稣诞生门还是从耶稣受难门进入，在穿透色彩变异的彩绘玻璃照进来的耀眼光线的照耀下，高大的教堂让人仿佛感受到神的温暖怀抱（图17-26）。

不论你参观过多少教堂，这种新颖的主祭坛结构一定也会让你感到耳目一新。主祭坛前的耶稣受难像置于巨大的华盖下，悬在中殿的中央。高达45米的顶部有一个由光影组成的拱顶仿佛是神明显灵（图17-27）。

上方光影组成的拱顶是自然光穿过教堂中殿顶部的一个空洞照射到排列整齐的瓷片上形成的，这种空洞的结构安排一定是为了让虔诚的信徒可以穿越教堂直接聆听上帝的声音吧。神圣家族教堂的第一任设计师原本要建的是一座新哥特式的教堂，高迪接任后改变了想法，不但加入了现代主义色彩，还让内部结构体现巴洛克风格。不论柱子还是拱顶都融入了高迪那种"曲线属于上帝"的思想。这可能就是新浪漫主义和现代巴洛克风格的折衷吧（图17-28）。

图 17-25　神圣家族教堂全貌

图 17-26　彩绘玻璃

图 17-27　主祭坛结构　　　　　　　　　图 17-28　空洞结构

　　华盖的周围用麦穗、葡萄和彩灯装饰着。华盖边沿写着字，应该是对耶稣的敬语。受难的耶稣被钉在十字架上（图 17-29）。

　　仔细看看中殿上方穿透顶部空洞的光线照射瓷片形成的拱形光罩（图 17-30）。

图 17-29　华盖　　　　　　　　　　　　图 17-30　拱形光罩

　　再拉近看看，排列整齐的瓷片使投射进来的光线形成一个个三角形的光影（图 17-31）。这完全是自然光穿过排列着的瓷片形成的吗？这对我简直是个谜！

图 17-31　三角形光影

　　中殿内的柱子充满自然韵味。下部多棱体的柱子到上部变得像树杈一样支撑着整个屋顶，加上那些如花的顶饰真的好像只有在《阿凡达》那样的科幻片里才能看到这样的场景（图 17-32）。根据高迪的原意，教堂内廷应该与森林亲密接触。这大概就是自然主义和表现主义相结合的结果吧。

　　柱子的中间不时镶嵌一些奇妙的装饰，使教堂仿佛要进入未来世界（图 17-33）。

图 17-32　中殿内的柱子

图 17-33　装饰

侧殿的墙面（图17-34）和顶部（图17-35）虽然也体现着自然主义色彩，但比起中殿来说显得要规则一些，侧殿中比较体现表现主义的是嵌在墙中的螺旋形铁质楼梯（图17-36）。从这个楼梯可以登上塔顶。

图 17-35 侧殿的顶部

图 17-34 侧殿的墙面窗

图 17-36 螺旋形楼梯

阳光穿过五彩缤纷的彩绘玻璃窗把整个教堂内廷照得绚丽无比（图17-37）。

图17-37　彩绘玻璃窗

不像其他教堂的彩绘玻璃窗往往描绘的是宗教故事，这里则要抽象、自然得多，是不是里面蕴含着什么圣神的寓意就不得而知了（图17-38）。

旋转楼梯安装在这里仿佛大自然的神来之笔（图17-39）。

图17-38　彩绘玻璃

立柱中间的装饰可能是供奉某位神灵（图17-40）。

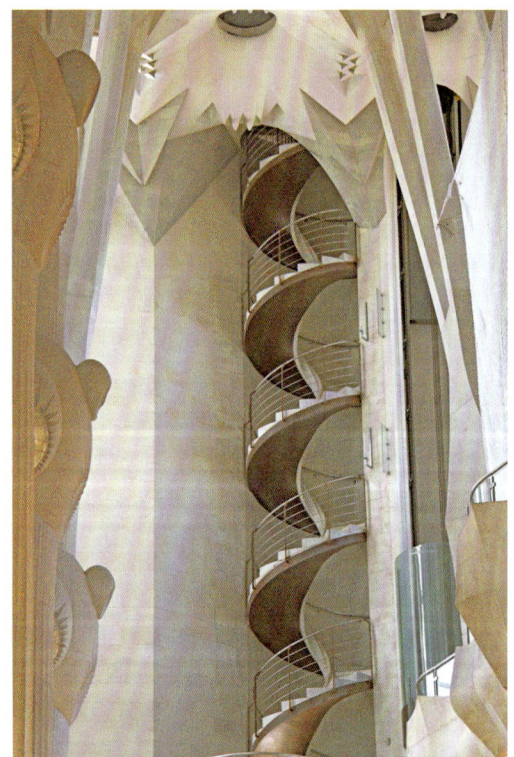

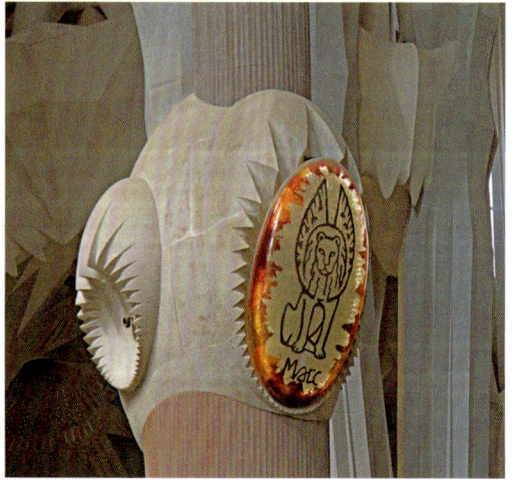

图17-39　旋转楼梯　　　　图17-40　立柱中间的装饰

这应该是一种圣器（图17-41）。我参观时荣耀立面还在建设中。内墙门的位置放着一张大照片，展现建成之后的荣耀立面内侧的祷文门是什么模样的（图17-42）。建成后的门上会用五十种文字写着同一句祷文"赐给我们今天所需的饮食"。

图17-41　圣器

图17-42　祷文门

在耶稣诞生门外有几块介绍指示牌，标明了建成后的神圣家族教堂会是什么样的。神圣家族教堂一共有三个主立面和一个教堂背面。图17-43中从左到右分别是教堂背面、受难立面、荣耀立面和诞生立面。目前建成的仅有受难立面和诞生立面。正背面和荣耀立面均仍在建设中。十八座尖塔现在能看到的也仅是受难立面和诞生立面的八座尖塔。

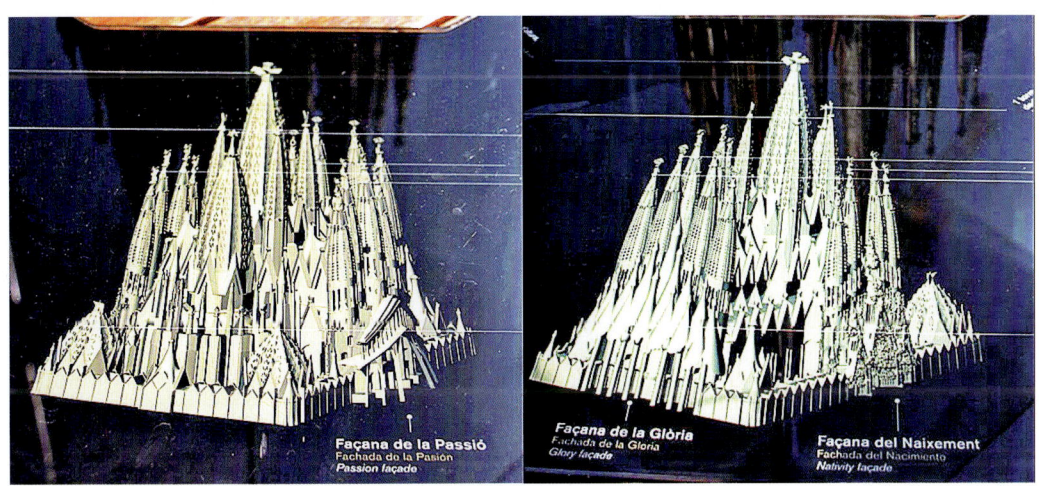

图17-43　受难立面和诞生立面

诞生立面是最早建设的，从1894年开始到1930年建成。高迪是1926年遇车祸去世的，这座立面是高迪为整座教堂竖起的标杆，也是最能体现高迪的自然主义思想的代表作（图17-44）。

图 17-44　诞生立面

诞生立面展示的是耶稣诞生时宇宙万物的欢乐场面（图 17-45）。这部分雕塑描绘了耶稣在拿撒勒出生时的神圣家族（图 17-46）。

图 17-45　诞生立面

图 17-46　神圣家族

受难立面从 1954 年才开始建设，按原来高迪留下的设计图纸进行施工。四座尖塔到 1976 年建成。受难立面的雕塑由约瑟·苏维拉奇斯在 1987 年完成（图 17-47）。整体雕塑中以直线表达的刚硬风格一直受到各种诟病，认为他们没有忠实于高迪原来受难立面应该把恐惧感带给参观者的意图。

耶稣受难门外的耶稣受难柱，由三截半组成，代表耶稣一生 33 岁（图 17-48）。

图 17-47 受难立面

图 17-48 耶稣受难柱

这幅作品反映犹大出卖耶稣时的场景。犹大告诉敌人他亲吻谁，谁就是耶稣。左下角的数字方格不论上下左右相加都是 33，也是表示耶稣 33 岁短暂的一生（图 17-49）。

图 17-49 犹大出卖耶稣

受难立面的上方是耶稣升天铜像。这座铜像在我 2005 年去的时候还没有（图 17-50）。

图 17-50　耶稣升天铜像

至今已经修建了近 140 年的神圣家族教堂仍在热火朝天地建设着。从照片上方看好像有新的尖塔开始兴建，而照片左侧可以看到建设中的荣耀立面（图 17-51）。

图 17-51　荣耀立面

教堂中殿的外墙也已经粉刷一新（图 17-52）。

图 17-52　教堂中殿的外墙

看看神圣家族教堂九年变迁吧（图 17-53）。右侧是我 2005 年去时拍的照片，左侧三张则是在同样位置于 2014 年拍到的照片。除了教堂中殿外墙有明显的进展之外，最大的变化是受难立面那座耶稣升天铜像（下侧两张照片）。

据说，神圣家族教堂计划将在 2026 年安东尼·高迪诞生一百周年时竣工。看看十八座尖塔才建好八座，工程进度好像很紧张哦。人们说，教堂是献给上帝的作品，而上帝并不着急。但游客可不是这样想，这座建设中的世界文化遗产终于可以盼到竣工的一天了。做个计划吧，好好锻炼身体，争取以后再去参观完整展现在人们面前的神圣家族教堂。

图 17-53　圣家族教堂十年变迁

18 西班牙国营的古堡酒店长啥样

当同事建议我把几年来写的博文选择一些主题汇集成册出版的时候,我就在想我的《走进西班牙》用哪一篇作为结尾呢?在游览了各地的景点,感受了风土人情之后,把对西班牙的旅游服务的感受拿来说一说还是有必要的。下次再去西班牙的时候也能体验一下。

欧洲人有的时候会想一些很妙的办法来赚钱。比如把一些破损甚至要倒塌的古城堡按原来的风格改造成酒店,既吸引游客体验古代王公贵族的生活,又修复保护了文物古迹。这真是一个绝妙的办法。欧洲人文历史丰富,千百年遗留下来的各种各样城堡、要塞、修道院几乎可以说随处可见,而且这些古堡往往还都建在地势峻峭、风光壮丽的山顶或河边。西班牙政府想了个好办法,由国家出资成立国营的 Paradores de Turismo de España 古堡酒店集团专门改造和经营这些古堡酒店。从 1928 年成立第一家这样的古堡酒店开始,现在已经发展成为有 94 家连锁古堡的庞大酒店集团。这些古堡酒店遍布从西北的加利西亚到南部的安达卢西亚几乎整个西班牙,甚至包括一些讲西班牙文的前殖民地。入住这些古堡酒店现在已经成为世界各地游客炙手可热的旅游体验。

我第一次知道古堡酒店是在托莱多,城南山坡上的古堡酒店是远眺托莱多全城美景的最佳观景平台,我还特意花了五个欧元从城里打车过去拍下了一张托莱多的全景照。第二次是在龙达,古堡酒店就在塔霍峡谷新桥桥头的悬崖边,这里是感受塔霍天堑和远眺阿拉伯风格的老龙达的最佳地点。我一直希望再去西班牙的时候能够入住某个古堡酒店,体验一下古堡原主人对西班牙的理解,体验他们对西班牙自然环境和社会生活的感受。

从塞维利亚前往科尔多瓦的途中路过了一个叫卡尔莫纳的小镇,也是西班牙的历史文化名城。这里曾经还被尤利乌斯·凯撒统治过。导游说这里有一家古堡酒店,建议大家看看。这座古城堡是摩尔人入侵伊比利亚早期在原来迦太基人的要塞基础上建的。十三世纪卡斯蒂利亚的佩德罗一世国王进行了扩建,还把它作为金屋藏娇的地方。这座城堡保留了明显的摩尔风格,有摩尔式的庭院、装饰了天花板的大厅、开阔的阳台。我当然想过去看一看,这次来西班牙虽然没有机会入住,能参观一下也是很好的。

从高速路拐下来就看到小山顶上的卡尔莫纳古堡酒店(图 18-1)。

图 18-1 卡尔莫纳古堡酒店

卡尔莫纳古堡酒店的大门就是原来城堡的城门，只有左侧一个小小的灰色牌子标示酒店的名称（图18-2）。

图18-2　古堡酒店的大门

穿过城门里面有个很大的院子。门上是卡斯蒂利亚一世国王的徽标（图18-3）。原来的大厅现在是酒店大堂，天花板装饰得很漂亮（图18-4）。

图18-3　徽标

图18-4　酒店大堂

古堡的庭院是典型的摩尔风格（图 18-5）。穿过庭院伊斯兰式拱门就是酒店餐厅（图 18-6）。古堡里也有一些古色古香的装饰，就说过道上放着的这个皮质箱子的风格起码是那个年代的（图 18-7）。

在非常开阔的阳台上可以看到酒店的游泳池，好像是要通过一条土路才能过去（图 18-8 和图 18-9）。

图 18-5　摩尔风格的庭院

图 18-6　酒店餐厅

图 18-7　皮质家具

图 18-8　外飘阳台

图 18-9　游泳池

古堡是根据地势修建的（图18-10）。

图 18-10　古堡地势险要

整个古堡由城墙包围起来（图18-11）。

图18-11　城墙将古堡包围

只能通过阿拉伯风格的大门才能进出（图18-12）。从这个大门就能知道，这座古堡始建于阿拉伯人统治伊比利亚半岛时期，如果注意一下古堡墙上的这些方孔也能感觉到有些伊斯兰纹饰图案的韵味，只是不知道是用来采光的还是透气的（图18-13）。

图18-12　城堡大门的内景

图18-13　墙上的方孔

城墙是原来的,现在加了一层防护网(图 18-14)。

图 18-14　防护网

沿着城墙边的一条小路可以到卡尔莫纳小镇去(图 18-15)。

图 18-15　通往卡尔莫纳小镇之路

民居的家门口都很有特色（图 18-16）。没有时间过去看看，远远地拍了几张照片，通过镜头看一下卡尔莫纳小镇美景（图 18-17）。

图 18-16　居民的家门口　　　　图 18-17　卡尔莫纳小镇美景

龙达的古堡酒店，就在塔霍峡谷新桥的桥头（图 18-18）。据说像这样的古堡酒店，除了西班牙，在法国、德国都有，不过是不是国营的就不知道了。不去则已，这次参观后更坚定了我的信念，以后再去西班牙，一定要想法住一次古堡酒店，感受一下古城堡风采，体验一下骑士生活。

图 18-18　龙达的古堡酒店

后 记

　　写旅行记录的初衷是为了等我年迈走不动路的时候，可以坐在家里和太太一起回忆曾经精彩、美好的人生历程。没想到我们生逢互联网时代，从论坛、博客、微博、微信一路走来，那些记录人生经历的照片不但能回忆往昔，还可以通过网络和亲朋好友分享和交流了。特别是博客提供的编辑工具让我们能把拍下一个个精彩瞬间的心路历程用文字记录下来，那当然会是更好的留念和回忆。于是，我就把边走边拍留下的图像按边拍边想的历程排成顺序，再在图片前后加上我的思考和体会，一篇篇旅行笔记就这样产生了。

　　当我把一篇篇旅行笔记发到新浪博客的时候，不但受到太太的鼓励，还不断得到亲朋好友们的热情支持。甚至其中一些博文还被新浪博客的小编推荐到首页而得到更多网友的欣赏和点赞。这就更加增强了我做好旅行笔记的信心。

　　我去过三次西班牙。一次以马德里为中心去了卡斯蒂利亚－莱昂、卡斯蒂利亚－拉曼查地区和马德里一小时车程内的六个世界文化遗产；一次去了巴塞罗那；还有一次以安达卢西亚摩尔文化金三角为主游览了西班牙的东部和南部。其实，这些地方基本上还只是包括了伊比利亚半岛中部到地中海的地区，整个西班牙北部和与葡萄牙接壤的地区还都没有去过。这次汇集成册出版的《走进西班牙》会鼓励我更深入地去感受这个伟大而神秘的国度。

　　因为职业关系我清楚地知道，出版图书与写博客的随走随发相比是非常不同的。现在，北京希望电子出版社的社长和编辑帮助我完成了这一工作。在他们几个月的努力之下终于成稿，让我的旅行笔记能以图文形式与读者见面。没有出版社同志的帮助这是不可想象的。